目次

編集協力　松村由貴（株式会社大航海）

私の性体験手記 教え子の匂い

サンスポ・性ノンフィクション大賞とは？

「性にまつわる生々しい体験をつづった未発表の手記」を対象として、二〇〇〇年にサンケイスポーツ主催で創設された。応募期間は毎年五月～九月。金賞一〇〇万円、銀賞二〇万円、銅賞五万円、特別賞三万円、佳作二万円、また入選手記はサンケイスポーツ紙上に掲載される。選考委員は睦月影郎、桑原茂一、蒼井凜花、サンケイスポーツ文化報道部長。

離れ駒

――千葉県・自営業・六十九歳・男性

以前、知人に連れられて行ったゴールデン街のスナックRにひとりで出向いてみた。将棋好きなマスターと、熟女の色香漂うママがやっている、狭くて薄暗い店である。

バーボンの水割り三杯目に、私はマスターに将棋を挑んだ。相手は急戦の四間飛車《しけんびしや》、こちらは持久の矢倉囲《やぐらがこ》いだ。マスターの駒音は、鋭く高い。飛車先に銀がせりあがり、桂馬の飛びあがりも早く、またたく間に私の陣形は崩された。

「強いね。勝負にならない」

私は悔しさより、恥ずかしさで赤面した。マスターは、アマ四段くらいの棋力があるだろう。

「また、やりましょう」

マスターの蛇のような目がゆるんだ。昔は道場の常連だったという。

十日後、ふたたびRに向かった。店内に客の姿はなく、湿った静寂が迫ってきた。有線の歌も小さく流れ、もの悲しい。

細い階段から、ママの加奈《かな》が下りてきた。

「ごめんなさい。少し寝ちゃった。雨の日はだめね」

「不景気だから仕方ないよ」

広告制作会社を経営する私も、バブル崩壊後の不況に苦しんでいた。ひとり、カウンターでバーボンを飲む。

「私がお相手しましょうか」

加奈が目の前に将棋盤を置いた。マスターは週三日ほど、長距離トラックのアルバイトをしているという。私はリラックスして、グラスを片手に指し手を進める。

相手は穴熊《あなぐま》の堅陣だ。細い指先に深紅のマニキュアが光る。

加奈は定石どおりの序盤を固めると、大駒を使って、横紙破りの攻めをしかけてきた。ヒモのつかない離れ駒も目立つが、指し手は鋭い。

「強いね……マスター仕込みだな」

私は形勢を逆転できず、焦った。隙はあるのだが、こちらに手番をわたさない見事な攻めだ。

「二段に近いよ。参りました」

私は素直に投了した。将棋が終わっても、次の客は来ない。加奈は隣に座って、ブランデーサワーを飲みはじめた。八代亜紀《やしろあき》の「なみだ恋」が流れている。暗い酒場で聴くと、この歌はさらにわびしい。

加奈が私の肩に体を傾けてきた。その手は私の太ももをさすっている。すぐに唇が合わさった。ミントの香りがどこか懐かしい。

店を閉めると、自然な足取りでホテルに向かった。

「まっ、いいか……」

ホテルの門をくぐるとき、加奈は罪悪感をうっちゃるようにつぶやいた。

彼女はベッドの上では目をつぶり、口を結んでいた。

カーディガンとブラウスを脱がし、ブラジャーをはずすと、たわわな乳房が左右に分かれた。片方ずつ、両手で拝むようにつかみ、やさしく乳首を吸った。

手荒なことはせず、静かに上体を重ねてゆく。いきり勃《た》つペニスだけが、加奈への

侵入を急ぐ。女の壺も、熱くしたたるように濡れている。急がずペニスを沈めた。

「あっ、いいっ」

熱い吐息が耳にかかる。じっと動かずに、壺の感触を確かめる。徐々に収縮が強まり、ペニスが奥に引きこまれてゆく。

「突いてください。お願い……」

じれた加奈が哀願する。

「あっ、すごい。もっと奥に……」

「出してもいいの？」

「いいわ。イカせて。強く」

「もう少しだよ」

「早く、イキたいの。ねっ、イカせて……」

加奈が声をあげ、私の腰を抱えこむ。

「いいかい、出すよ」

こめかみに電流が走り抜けるような快感だった。

「くうっ、イッたわ」

加奈が眉間にしわをよせてうめいた。私は体を離さず、強烈な射精の余韻に浸った。やがて加奈は、軽い寝息を立てはじめた。私もまどろみながら、思いがけない幸福に酔った。

二週間後の夜。加奈はひとりで店に立ち、ふた組の客の相手をしていた。目が合うと、恥ずかしそうに視線をはずした。私はカウンターの隅に座り、バーボンに口をつける。しばらくして客が帰ると、加奈はブランデーサワーを作り、隣に座った。

「ずっと待ってたわ」

「まだ、そんなにたっていないよ」

「地球が百回も自転したような感じよ」

加奈はおどけて笑った。

「マスターは今日もバイト？」

「あの人の話はやめて……」

加奈は冷たく、私の言葉を遮った。マスターは若いころ、将棋の道を挫折。その後は職を転々とし、最後にゴールデン街に流れ着いたのだそうだ。

加奈の店に現れたのは、最初は客としてであったという。私は、加奈にマスターを

裏切らせた負い目を感じた。

加奈は少し早めに店を閉め、三《さん》の酉《とり》でにぎわう神社に案内してくれた。小さな熊手を買い、夜店のおでんを食べる。

「お酉様がいちばん好きなの。江戸の風情があって師走《しわす》のプロローグみたいににぎやかで……」

日本酒を飲みながら、加奈はつぶやいた。束ねた髪の襟足に、境内の明るい灯が映える。

少し酔った加奈を支えて、この間と同じホテルに入った。加奈はガラス張りの浴室に向かい、長いシャワーを浴びた。湯気の中に、細く白い肢体が天女のように浮かぶ。白いバスタオルを巻いた加奈が、浴室から出てきた。豊満な乳房が、深い谷間をのぞかせる。ちょっとかがんだ瞬間、重そうな乳房が前にこぼれた。

欲情した私は加奈を引きよせ、ベッドに寝かせた。弾力のある乳房を交互に揉みしだき、大きな乳輪の真ん中に立つ乳首を荒々しく吸った。

さらに脚を開かせ、無防備な秘部を見た。短い恥毛に飾られた割れ目はわずかに開き、清水のような愛液をたたえていた。私は舌で下から上へ何度もこすり、隠れた肉

の鋭りを舌先で探った。包皮をむいた小さな陰核は、真珠のように美しい。

舌先で執拗《しつよう》にこね、やさしく吸った。欲望の証《あかし》である愛液がみるみる湧き出す。

「あっ、気持ちいい。久しぶりよ……」

加奈のひと言が嫉妬心をあおった。私は意地になって、露出したとがりを手技で攻め抜く。

「あっ、うっ、だめよ。イキそう」

「いいよ、イッちゃって。我慢することはない」

耳もとでささやき、指を速めた。

「いいわ、イクう……」

加奈は腰を跳ねあげ、頂点に達した。私は渇いた喉を水で潤し、タバコをふかした。

ふたたびベッドに戻ると、全裸の加奈は果てたままだ。ゆっくりと脚をひろげ、勃起しはじめたペニスを挿入する。

女の壺の中は狭く、無理な侵入を拒んだ。静かに、やさしく腰を沈めていくと、新たな愛液がこぼれる。奥まで届くと、加奈は脚を閉じた。

「またイカせてくれるの？」

「このままじゃ、僕が不満だよ」

私は壺の内壁をこするように、浅く深く腰を使う。陰核への圧迫も怠らない。

「ああっ、たまらない……それ、続けて」

加奈は熱い吐息を漏らし、身を反らせた。熱い潤みが、私の股間を濡らす。

「また、イッちゃうわ」

「うん、いっしょにいこう」

私は、ペニスの動きを加速した。

「今っ、今、出して」

その声に合わせて、一気に射精する。絞りあげるような収縮があって、二度、三度と射精は続いた。

「いっぱい出たわ」

体を離すと、加奈の息づく割れ目から白濁の粘液が流れ出し、シーツの中央に島影のような染みを作った。

私の仕事場を兼ねたマンションに加奈が現れたのは、日曜日の午後だった。

加奈は花柄のワンピースに手早く自分のエプロンをかけると、慣れた手つきでパス

タを作った。窓ぎわのテーブルで乾杯する。新春のうららかな陽光が心地よい。健全な日差しが、飲みほすビールのピッチを速めた。

「あのさ、店の名がシンプルだけど、なんか意味があるの？」

「そうね、ＲＥＶＯＬＵＴＩＯＮからＲを取ったの」

「革命か……珍しいね」

「三十歳で店をはじめたとき、人生に革命を起こそうと思ったの。苦労の連鎖を断ち切るためにね。それに学生のころは、ローザ・ルクセンブルクに憧れてもいたし」

「意外だね。たんなる店名ではなくて、思想があるんだ」

「そんな大仰なものじゃないけど。でも、すぐにあの人に捕まってしまって、革命は未完のままよ。悲しい人だったから、つい支えてしまったの」

加奈は目を伏せて苦笑した。

やがて私はカーテンを閉め、加奈をソファベッドに誘った。

「今日はだめな日なの」

逆に加奈は私のズボンを脱がし、ベッドにあおむけになるように促した。

私の股間を手のひらで包み、やさしくこする。

「硬いわ。こん棒みたいよ」

加奈の手指の動きは巧妙だ。しなやかに、ときに激しく、じらす間合いもうまい。

「射精して……天井まで届くかしら」

「うっ、出るよ」

尿道が痛むような射精だった。

「すごい……まだ出てる」

加奈も興奮して声をあげ、ため息をつきながら腹の上の大量の精液をなでまわした。

私は腰が抜けるような快感を味わった。


その日、加奈はかなり酔っていた。寒い夜だから、客はひとりも入ってこない。狭いカウンターで寄りそい、語り合った。

「店、閉めようかな。こんな赤字つづきじゃ、どうしようもない」

悲しい目で訴える。

「厳しいよね。だけど、みんなが苦しいんだよ。閉めるのを急いじゃいけないよ」

私は子供を諭すように、言葉をかけた。

「借金はしたくないし、外で働くしかないと思ってね。ちょっと疲れちゃったのよ」

「せっかくの自分の店なんだから、もう少しがんばったほうがいい。景気はきっとよくなるよ」

夜も十二時に近い。雨音も聞こえてきた。加奈は酔いつぶれて寝息を立てる。

「風邪引くよ。起きないと」

「上に連れてって……」

加奈を支えて細い階段を上ると、そこは天井の低い住まいになっていた。二間の和室には、洋服ダンスと大きめのベッドとテレビだけが置かれ、簡素で生活感が少なかった。

「今夜は帰らないでよ」

加奈は私の手を引き、強引にベッドへ誘った。

ここでの性交にはためらいがあったが、

「早く、抱いて……」

と、加奈は涙声で言った。

私は唇を重ね、乳房に触り、とがった乳首を吸った。

すぐに加奈のショーツを下ろし、女の壺に指を入れた。中指で熱いぬかるみをかき分け、一方の親指で肉のとがりをこねる。

「ああ、気持ちいい」

そのとき、店の扉がたたかれた。激しいノックは三回続いた。私は身を硬くし、指の動きを止めた。

「大丈夫。どこかの酔っぱらいよ」

私は迷いながらも指の動きを再開した。おびただしい量の愛液が、手の甲まで濡らす。中指を曲げ、上部をこすり出すと、激しい収縮が始まった。

「もっと速く。もっと強く」

加奈が貪欲に要求する。私は二本の指をそろえて、丹念に攻め抜く。

「あっ、そこ、イキそう」

加奈の腰が浮き、脚がこわばる。

「いいよ、イッて、みんな忘れて……」

「くうっ、イクわ」

加奈は下肢を震わせ、オーガズムを迎えた。聖水も噴き出した。加奈は静かに眠り

についた。私はタオルで拭いてやり、布団をかけて階段を下りた。

サクラの春は終わり、ツツジの季節になった。若葉香るそよ風がレースのカーテンを揺する。

日曜日の午後、約束の時間に、加奈は私のマンションにやってきた。白いシルクのブラウスに、やや長めの濃紺のスカート。髪は濡れたように輝き、淡いピンクの口紅が映える。

どこか知的なキャリアウーマンのような印象だ。

高価なバーボンをテーブルに置くと、

「知り合いの店で働くことにしたの」

加奈は、さりげなく言った。

「店は閉めるの？」

「しばらくの間休業するの。じつはあの人が重い病気になっちゃってね。バイトの過労がたたったみたい。治ったら、また開けようと思うの。治療費がかかるから、外で稼ぐしかないのよ」

「気の毒に……苦労が多いね」

「私が支えなければ、あの人はだめだから……」

加奈は遠くを見つめ、目を潤ませた。

「やっぱり、マスターが好きなんだ」

私はむなしくつぶやいた。

「そうね。長い間の腐れ縁かしら……」

「……………」

「それで、今日はお別れに来たの。あなたはやさしいし、会いたい気持ちは変わらないけど、やっぱり不倫はだめでしょう」

「不倫か。そうなるよな」

「あの夜、ノックしたのはあの人だったの。鍵がないから入れないで、朝まで友達の店にいたらしい。なんとなく気づいたようだけど、そのことにはなにも触れずに、苦しそうに泣いてたの。はじめて見るあの人の涙に私も泣いて、それで我に返ったの」

加奈は桜色のハンカチを目に当てた。

「ここで別れるのはつらいな」

私は、絞り出すように本音を言った。

「この先、革命は起きないかもしれないけど、あの人を捨てることはできないの」

加奈はそっと立ちあがり、カーテンを閉めた。

「お別れに、もういちど抱いてください」

加奈はおもむろにブラウスを脱ぎ、スカートを下げた。白い下着の中の胸が揺れる。

私はたまらず乳房をつかみ、赤子のように乳首を吸った。出ない乳をむさぼるように吸いつづけると、私の頰に涙が伝わる。加奈の息づかいが荒くなる。私は涙を隠してソファベッドをひろげ、加奈を寝かせた。

「これでおしまいね」

念を押すように、加奈が言う。私は玩具を取られた子供のように戸惑う。

「これで終わりは、つらいな」

「こっちも同じよ。だけど、決めたことだから……」

ショーツの下は愛液があふれていた。私は指を踊らせ、陰核をなぶった。悔しさが指先に伝わる。

「あっ、ちょっと、痛い」

加奈が口もとをゆがめた。

「わかった。こうすればいい？」

私は壺の中に指を滑らせ、ゆっくりとかきまわす。指の腹が、的確に急所を捉えた。

愛液が、マグマのように熱く湧き出す。

「そこ、たまらない。いい……」

加奈は自分の指先をかみ、快感の渦に耐える。

私はペニスの硬度を確かめて、加奈の中に押し入った。

「うっ、気持ちいいわ」

加奈は細い顎を突きあげた。

私は必死になって、射精を我慢した。放ったら終わりである。

加奈はやはり貪欲だ。長い挿入の間に三度は頂点に達し、そのたびに唇を求めてきた。

「そろそろ、あなたもイッてよ」

うわずった声に促されて、私は猛烈に腰を打ちつけ、激しく射精した。

「あっ、狂っちゃう。すごく熱いの」

加奈はすぐに絶頂の悲鳴をあげた。

「終わったね」

私は寂しくつぶやいた。加奈の目に涙が光る。

「ありがとう。本当に幸せだったわ。女の極限の歓《よろこ》びを知ったみたい」

「加奈のセックスは、将棋で言えば、離れ駒のように自由で奔放だったよ」

「そうかしら。あなたが上手だったからだと思うわ」

加奈はシャワーを浴びて、服装を整えた。私はカーテンを開け、初夏の陽光を取り入れた。

「これでお別れね」

静かに唇を合わせた。芳しい髪の匂いが漂い、胸もとからは甘く上品な香水の香りが立った。

カウンターの向こうで、マスターが不敵な笑みを浮かべる。

美濃囲《みのがこ》いの堅陣に飛車が成りこみ、竜となった。銀の駒損も大きい。その銀を使う手番をわたせば、一気に詰めがかかる。

私は負けまいと長考し、攻め駒の香車を守りに使った。

「粘るね。いい手だ」

マスターの笑みは消えない。すかさず桂馬が跳ねて、玉の頭を狙いに来た。私は唇が渇き、頭に血が昇った。

「つらいな。受けがない」

私はため息をつき、あっけなく投了した。隣で見ていた加奈が立ちあがり、照明を絞り、店の扉に鍵をかけた。

「こっちに来て」

加奈がボックス席に私を誘った。私は水割りを干した。

加奈はピンク色のTシャツを脱ぎ、大きな乳房をさらした。

「吸っていいわ」

信じられない状況に迷いはあったが、ためらいながらも乳首を吸った。薄暗い店内に、場違いなシャンソンが流れる。

「加奈、栄養を入れてもらいなさい」

かすれた、マスターの声がする。加奈はショーツ一枚になった。導かれた手が、熱い潤みに触れた。

「遠慮しないで、イカせてよ」

加奈は甘い声でせがんだ。しかし私のペニスは、発情を忘れた獣のように役に立たない。そこで、加奈の口による愛撫が長く続く。ときおり、マスターがグラスを洗う水音が聞こえる。私は加奈の舌に意識を集中し、遅すぎる勃起を待った。

「やっと硬くなったわ」

加奈は私の腹の上にまたがり、ペニスを女の壺に導いた。静かに腰を沈めてくると、ペニスの根元に熱い愛液のしたたりを感じた。

「ああ、奥がいい……」

加奈が深い吐息を漏らす。

体を入れかえ、正常位で硬いペニスを突きまくる。粘った濁音が静寂の中に響く。

「ああ、もうだめ。ごめんなさい、あなた。許して。イッちゃう」

「いいよ。許すよ」

マスターの声も興奮でうわずる。遠くから、サイレンの音が聞こえてきた。半ば目覚めると、ブリーフの下に生ぬるいぬかるみがあった。

青臭い大量の精液だ。夢だったのだ。四十歳を超えた自分の夢精に、私は腹立たし

くて顔をゆがめた。

数少ない仕事にも身が入らない。焦点の定まらない、鬱屈の日々は長く続いた。

新宿《しんじゅく》とは対極の、新橋《しんばし》の酒場に入り浸った。あの街に背を向けたつもりでも、加奈の面影と肢体がよみがえった。

ひとりグラスを傾け、寂しさとむなしさに耐える。加奈とのひそやかな交合シーンばかり思い出す。サラリーマンたちの愚痴や自慢も、ちっぽけでつまらない。

「静かね。つらいことでもあるの？」

中年の、和服姿のママが声をかけてきた。

「失恋しちゃってね」

私は冗談っぽく苦笑した。

「嘘でしょう。モテそうなのに」

赤い口紅の下に上品な歯並びが光った。女の美しい口もとは、それだけで価値がある。

「本当だよ。ついこの間ね」

「あら、でも奥さんを泣かせちゃだめじゃない」

「ひとり者だよ」

「そうなの。前から思っていたんだけど、あなた、昔の恋人に似てるのよね」

ママは照れながら冷酒を注いだ。赤いマニキュアの指に指輪はない。

「ママも独身？」

「そうよ。やぼなことは聞かないで」

「そうなのか。でも、それはもったいないね」

「もう少し若ければお相手するのに、残念だわ」

切れ長の目の下の、頬がゆるんだ。鼻すじの通った、知的な印象のある顔立ちだ。

「今度、飲みに行こうか？」

私は、つい口走った。

「冗談でしょう。こんなおばさんを。ばかにしないでよ」

束ねた黒髪を触りながら、明るく笑う。矢羽根模様の着物が、大正ロマンのような風情を醸し出している。

周囲では、相変わらず酔客の浮気話が華々しい。

「うちは、疲れた戦士たちのたまり場なのよ」

ママはほほ笑みながら、カウンターの向こうにまわった。話し相手がなくなると、ふたたび加奈の肉感的な白い姿態が脳裏をよぎる。いくら振り返っても、あの日は戻らない。

酔客が帰り、ママがカウンター越しに近寄ってきた。

「また寂しくなったら、慰めてあげるわね」

ママが妖しくほほ笑んだ。

会計のときに、そっと自分の名刺をわたした。

「悪い人ね……」

立ち去る背中に、言葉が貼りついた。

奇跡の再会

広島県・無職・六十九歳・男性

六十六歳になったばかりの三年前の師走《しわす》、樋《とい》の枯れ葉を取り除いていてはしごから落下。第四腰椎を圧迫骨折して絶対安静の状態に陥った。

車いすが使えるまでに回復したのは、梅の季節を迎えたころだった。そんなおり、東京に住む兄嫁から妻に電話があり、四歳上の兄が散歩中に倒れ、息を引き取ったという。急性心不全だった。

病院から義姉に電話すると、会話にならないほど取り乱していた。すぐに妻を上京させ、私はベッドの上で兄と惜別した。

ケガのほうは、松葉づえからつえでの歩行ができるまでになり、リハビリが始まった。リハビリ室には、女性の療法士四人が患者の世話をしていた。

全員が体に密着した白い着衣で、テキパキと指導している。私の場合はまず腰を温め、自転車こぎやボールを使った下半身の強化が主だった。その間、彼女たちの尻の谷間や、開く脚の太ももを横目で追った。

この娘は小陰か。あの娘は上つきか。そっちの娘は剛毛か。ああ、この娘とは、うしろから……。

そんなことを思い浮かべながら、彼女らを視姦することがリハビリでの楽しみになった。愚息がそのたびに頭をもたげようとするが、それ以上は反応しない。糖尿ですでにそちらは卒業状態だったのだ。

とはいえ、性欲のイメージは増すばかり。そのイメージをふくらませたまま退院したため、帰宅するとつい、妻の尻や胸に触ってしまった。

「なに……」

性欲がひからびたのか、妻はまったく興味を示さず、取りつくしまもない。

そのうっぷんを自宅でのリハビリに集中した。そして完全に日常の生活に戻れるまで回復したのは、翌年の夏だった。

私は兄の墓参りで東京に行くことを妻に相談した。

千葉の稲毛《いなげ》には妻の姉が嫁いでいる。体調が芳しくないとのはがきが届いていたので、妻は会いに行くと即座に賛同した。妻を稲毛に直行させ、私は三軒茶屋《さんげんぢゃや》の義姉のもとへ一泊して、稲毛に向かう計画を立てた。

この予定を義姉に連絡すると、声を詰まらせるほど喜んでくれた。

ただその日は、孫ふたりがガールスカウトのキャンプに両親と参加するので、兄の子供は留守という。会えないのは残念で仕方ないと伝えたが、義姉がひとりとのことに内心ほくそ笑んだ。

昔と変わらぬ快活な義姉との会話で、学生時代の悦楽のページがよみがえった。

それは四十七年前にさかのぼる。上京した私は、兄夫婦のアパートからほど近い場所に部屋を借りていた。東京の生活は、なにもかもが新鮮に思えた。都会的な雰囲気の義姉は、私より二歳上で、笑うとえくぼが浮かぶ艶《あで》やかな女性であった。

当時、私はひそかに憧れを抱いていた。住まいが近くでもあり、義姉はよく面倒をみてくれて、やさしく接してくれた。

が、このすてきな義姉とひょんなことから男女の関係になったのである。

その日は、二時限目以降の授業が休講となり、早く帰宅したときであった。

最寄りの駅で偶然義姉と出会い、食事をごちそうになったあと、兄夫婦が住むアパートに誘われた。私はすぐ近くに部屋を借りていた。

兄宅では、兄嫁と義弟であることを忘れ、お互い饒舌《じょうぜつ》になっていた。互いの生い立ちから幼い初恋に至り、会話はふくらんでいった。そして童心のときの感覚に陥り、じゃれ合いはじめた。転がってのくすぐり合いとなった。キャ、キャと笑い声をあげながら右へ左へとよじる姿は、かわいい女の子であった。

その女の子が逃れようとして回転し、私の上に重なったのである。義姉の甘い香りが鼻孔を包んだ瞬間、無意識のなかで背中を抱いていた。

しなやかな体は小さく震えていたが、逃れようとはしなかった。重なった体からぬくもりが情欲的に伝わると、すかさず目の前の唇をふさいだ。

そっと吸ってみたが、義姉は拒まない。許してくれていると感じ、夢中で首すじから耳たぶへと唇をはわせ、強く吸いはじめると、

「あっ……あぁ……」

あえぎ声を発しはじめた。欲情を高める声を聞きながら、片手でズボンとブリーフを脱ぎ、下着に手をかけると、

「ダメ……」

義姉は急に婦徳に戻り、体を離してうずくまった。

義姉の動きに、自分もわれに返った。

「義姉《ねえ》さん、ごめん……」

かりそめにも、兄嫁に不貞の行為を働いたことを謝った。肉棒は硬直したまま直立している。このとき、義姉の情炎は消えていなかった。

柱に背もたれ、ズボンとブリーフを引きよせていると、うつろな目でそばに寄った。そして静かに唇を重ね強く吸いはじめ、舌を差し入れ、からませてきた。自分から下着を剝ぐと、いきり勃《た》つ肉棒を握るやまたぐと、淫裂の中へ導いた。

交合中の窓からは明るい日が差しこみ、サケの身色をした膣襞が肉棒を咥えた様子を鮮明に映したのを覚えている。

合体によって兄嫁と義弟の垣根ははずれた。この日から義姉と私は不貞の愛欲に染まっていったのである。時間の許す限り、義姉を訪れるようになり、深く強く求め合った。

肩が凝るといえば肩をもみ、指圧を施してあお向けにすると、当然のように抱き合

った。性感帯である耳たぶから陰裂への愛撫で義姉はのけ反り、常にアクメに達した。あるとき、首右裏の生えぎわと左乳房の下、そして左脇腹と大陰唇の右にほくろを見つけた。そのひとつひとつに唇を添えて吸った。妖艶なアクメが理性を失調させ、その日はあろうことか膣の中へすべてを放出してしまった。

そして二カ月後、私が実習授業から帰ると、義姉は寝こんでいた。階段から落ち、流産して救急車で運ばれたのだという。

不徳の罰と、自分を責める義姉と出した結論は決別であった。

義姉と話し合って、不貞を断つ決意をしたと同時期、兄が転勤となり、ふたりの悦楽は完全に終わった。

そのあと義姉とは、盆と正月にふたりの子供を連れて私の家に帰省したとき顔を合わせていた。そのおり、意識した義姉との一瞬の間合いに、かすかな笑みが残った。

それから幾星霜。さまざまな女性との出会いもあったが、学生時代の義姉との色情は、何年たっても忘れえぬものだ。

その義姉に久しぶりに会えることで、すでに気持ちは高ぶっていた。当日、義姉がひとりのことは妻には伏せたままである。

　妻の前では、ウキウキした気持ちを悟られないよう毅然《きぜん》としたふりを装い新幹線に乗った。東京駅で妻を総武線《そうぶ》に乗せ、私は山手線《やまのて》で渋谷《しぶや》へ向かった。

　渋谷駅から義姉に電話を入れ、タクシーで三軒茶屋の自宅に着くと、義姉は通りで出迎えていた。グレー色に染めた髪がよく似合っている。

「いらっしゃい。久しぶりね。お互い、年をとったわね」

　しわが目立ち、老いは隠せないが、歯切れのいい口調と艶やかな笑顔は健在だった。

　その足で納骨堂へ行った。小さく仕切られた升棚の中段右端に兄は祭られていた。

　住居は静かな団地の中にあり、小さな郵便局が隣に並んでいた。庭の木々からつくつくぼうしがけたたましく鳴いている。

　仏壇に手を合わせた。

「疲れたでしょう」

　好物である揚げイカと冷たいビールが出された。ビールを二本空けて横になった。

　しばらくして目を覚ますとタオルケットがかけられて、義姉が傍らで添い寝していた。愛くるしい寝顔はあのころと同じであった。

　義姉が気づいた。

「そのまま。もんであげる」

「じゃ、お願い」

気さくなままに義姉はうつぶせになった。学生時分には幾度となくもんだ。まず首すじから肩にかけ、丹念にもみほぐした。細身であった体はいちだんと細く、やわらかく、きゃしゃであった。指圧で背骨にそって慎重に、双丘から脚のつけ根へと下がった。それからあお向けにして、七年前に切除したという乳がん痕の左胸に添えた。

「なにもかも変わったでしょう」

寂しそうに笑った。

「だいじょうぶ。胸が片方なくたって義姉さんは義姉さん。昔のままだよ」

「ありがとう」

見あげる額に軽くキスをして、唇を重ねた。義姉の腕が首を巻くと、懐かしい香りがした。

舌が入ってきた。義姉の味を感じながらからませ、舌を差し入れた。義姉は懸命に吸っている。求め合ったときを思い出す。そして恥丘を包むように手をかぶせた。指

に力を入れると、強くしがみつき脚を少し開き、

「いつもこうしていたね」

えくぼがこたえた。

スラックスのジッパーを下げたところで玄関のチャイムが鳴った。

「あ、届いた」

義姉は慌ててジッパーを上げ、手鏡で乱れ髪と口紅を確認し玄関へ。

「器は玄関に出しておいてください。適当なときに下げにうかがいます」

「はい。ご苦労様」

鰻《うなぎ》の匂いが漂った。時刻は五時を示している。

「夕飯は鰻よ。さっ、冷めないうちに」

テーブルにはさまざまなさかなが並んだ。ビールを酌み交わすふたりだけの夕げを懐かしみ、空白の歳月を語り合った。義姉は相変わらず、首すじから胸もとをほんのり桜色に染めている。

話題が逢瀬《おうせ》を重ねたアパートにうつった。出会いと情交、そして別れがよみがえった。会話が止まった。無言のなか、見つめ合う義姉が静かに私の手を握った。

うなずくと、義姉は握った手に力をこめ、えくぼがこたえた。そのあと湯船で汗を流して部屋へ戻ると、真新しいシーツに包まれた布団が並んでいた。

糖尿病の発症からここ三年勃起はないが、義姉との抱擁に期待を残した。

「義姉さん……」

解《ほど》かれた帯の下は、お互いの裸であった。唇が重なると、ふたりとも取りつかれたかのように舌をからませ、貪り合った。唾液が四十七年ぶりに混じり合う。抱きしめた肌には張りがなく、やわらかいが、求め合った快楽を思い出した。

同じように首すじから肩口へ激しく唇をはわし、耳たぶを吸い、強く舐めると、

「あっ……あぁ……」

懐かしい声を大きく発しはじめた。強く抱え、当時の体を思い出しながら、腹や脇をはった手を恥丘に添えた。薄かった陰毛は、幼い子供のように無毛となっていた。そして、開きぎみの陰裂へ中指をあてがった。濡れが足りないと感じ、中指に唾液をつけてなぞった。

膣壺に指を埋めると腰を浮かした。かくと、クチュ、クチュと響く音が感応の深さを表している。肉芽を擦《こす》ると、

「はひぃ……」

喉の奥から絞り出す悦楽の声も同じであった。腕の中で、委ねた体が小刻みに震えている艶態がいとおしかった。前立腺に神経を集中させ、勃たそうと試みるが、かすかに頭をもたげるだけであった。

奮い勃たせようと強く握ってもみた。すると、義姉が急に体を起こして愚息を咥えた。口に含み舌をからませつづけたあと、玉袋から前立腺に唇と舌をはわしていった。

心地よさは伝わっても、愚息は反応しない。

「キモチいいけど、ダメなんだ、義姉さん」

「仕方ないか、年だもんね。主人も早くから糖尿がひどくてね」

糖尿は血筋……では、義姉さんは長くセックスレスだったのか。

義姉さんはさらに亀頭を吸い、舐めを続けてくれる。

私もこたえようと前立腺を中心に力をこめた。すると思いが通じたのか、愚息が少し反応しはじめたのである。

勃起には至らないが、やわらかくても太くふくらんだ。

「これなら……」

つぶやくと義姉は愚息を握り、すばやく皮を目いっぱい痛いほど下げ、半勃ち的状態にしてまたがるや、淫裂へ沈めていった。

襞《ひだ》が愚息を包むや義姉の腰が前後した。心地よい膣壁の感触が久しぶりに伝わる。

「義姉さん……」

「あぁ……私も……」

しかし、持続は短く射精が始まった。

「うっ、出る……」

義姉の指が胸を強く握った。

「義姉さん、ごめん、昔に戻れなくて」

「だいじょうぶ。私は戻れた。ありがとう。念願がかなって、これで思い残すことはない。いつお迎えがきてもいいよ」

義姉は笑みを浮かべ、不合理な言葉を口にした。そして、胸に顔を埋めてすがった。

そのとき、首すじのほくろが目にとまった。以前、体中のほくろをなぞったことを思い出した。

抱きしめると、まず首のほくろを吸った。そして左乳房痕から左脇腹へ唇をはわす

と、股間へと下がった。

交合の余韻が残る汁交じりの匂いには、からみ合ったときの懐かしさがこみあげた。大陰唇右ほくろに強く唇を押しつけたあと、たまっている液を舌でなぞった。

小陰唇を甘がみしながら、膣壷から肉芽の愛撫に、義姉はふたたび官能への扉を開いた。シーツをつかみ、もだえている。快楽に身を委ねていた義姉が、なにか思いついたように起きあがり、よつんばいの格好になった。そしてのみこんだ愚息を強く引く際に、唇での強い圧力が愚息に加わった。

「えっ……なにっ……」

しびれるような快感が愚息から全身に伝わった。強い刺激に呼応するかのように、前立腺周辺に力が宿りはじめた。

すると愚息が口の中で急に目覚め、肉棒に変身したのである。

「おえぇっ……」

義姉はむせた。

「義姉さん」

声を荒らげると、義姉は硬直の肉棒をあぜんと見つめている。

「勃ってるよ」

奇跡が起こった。義姉を引きよせると両脚を割り、膣壺へ肉棒をあてがうと一挙に挿入した。

「あうっ……」

貫いた瞬間ののけ反った姿は、学生時代のひとコマを思い起こした。擦りあげるように腰を動かすと、膣の中で肉棒が踊っている。

義姉の声が大きくなる。しがみつく指が背中を痛いほどつかむ。両脚は腰に巻きついている。すべて四十七年前の再現であった。

望んでいた義姉の中へ、がむしゃらに打ちこんだ。亀頭が子宮の入口をたたいている。喉奥からの声も、擦り合う淫音に消されていた。

のけ反ったあと力が抜け、放心した義姉。

（……イッたか、義姉さん……）

義姉のアクメ姿に口もとがゆるんだ。

久しぶりに義姉との結合部を見たくなり、抽送を中断し片足を持ちあげた。

かすかな明かりで鮮明ではないが、開いた陰裂に埋もれた肉棒が確認できた。

ゆっくり深く挿入し、ゆっくり戻すと、襞が戻すまいとからんでいるようであった。義姉は小陰である。そのうえ無毛だ。情欲は増していた。ゆっくり堪能《たんのう》していると過去の情交がよみがえり、重なった。楽しかった悦楽のなかで、頓挫していた後背位での挿入を思い出した。義姉の体を裏返しにしながら耳もとで、

「今度、うしろから挿《い》れる」

すると、義姉はけだるそうによつんばいになり、尻を突き出した。スタンドの明かりが、菊座の下の陰裂の中でうごめく膣壷を照らし出した。

陰部全体を裏からしみじみのぞくのは、はじめてであった。義姉の陰唇は黒ずんでいるが、膣壷と周辺はきれいな赤みを帯びている。かぶさりぎみに挿入した。

角度が違うと、襞を擦る亀頭の位置も違い、快感もまた違う。

義姉はとくに感応が強かった。シーツを握り、快楽に堪えていた。

腰を抱え、ピストン運動を速めた。尻を打つ音が響き、

「あぁ……」

大きなあえぎとともに崩れ落ちた。なおも腰を動かしつづけた。すると、腰の奥から絶頂の予兆がわきはじめた。

体位をかえ、あぐらの上に義姉を乗せた格好でつながった。体が密着し、義姉が肩越しにしがみついた。息遣いを耳もとにして腰を抱え、前後左右に上下と動かした。義姉の求めに応じて舌をからます。義姉がしきりと腰を前後するなか、絶頂を迎えた。

「義姉さん……出る」

「私も……イッ……イッてぇ」

翌朝、習慣からか六時前には目が覚めた。台所をのぞき、

「おはよう」

声をかけると、みその香りが漂った。

「お風呂、沸いてますよ。浴衣は籠に入れて」

「わかった」

湯船の中で昨夜の情炎を思い出した。愚息に加わった強い圧力が刺激となり、これまで味わったことのない快感を生んだ。

それが勃起を促したことを、愚息をもみながら不思議に思い考えていた。

そして、ふたりだけの朝食は懐かしくもあり、新鮮だった。食後、片づけを終えた義姉がコーヒーを運んできて、隣に座った。

「ブラックだったよね」

「うん」

ひと口飲んだあと、

「あんなに硬くなるなんて、自分でも不思議。しびれるほど気持ちよかったけど、なんでやろ？」

そう言うと、義姉は、

「そんなによかったんだ……じつはね」

と、笑みを浮かべて唇を開き、カチカチと歯をかみ合わせた。

「ええっ、それって……」

「年だもんね、全部入れ歯なの。それで一か八かで試してみたけど、うまくいったわね。うっふっふっ……」

「すごかった。とてつもなくすごかった。あれほどの硬さに戻るなんて奇跡だよ。男のモノを咥えるため、歯を抜いてサービスするというのは話では聞いたことがあったけど、本当にキモチいいもんだね」

義姉を抱きよせた。

「わたしは幸せだよ。主人は、あっちは淡泊だったけど、これまで守ってくれたわ。大好きな孝《こう》ちゃんにはいつまでも思われて……それにこうしてまた愛し合うことができたんだもの」

涙ぐんで言葉が途切れたが、

「何度頭が真っ白になったか、ありがとうね。すてきなお土産をくれて……内緒にしてきたけど、私には主人がふたりいたと思ってる……悪い女よね」

「兄貴には悪いけど、それは俺もいっしょ。義姉さんとのことはふたりだけの秘密。墓場まで持っていくよ」

笑みが重なった。

最後の抱擁、どちらともなく唇を重ねた。義姉の腕が首を巻きからませた。

「ん……ん……」

名残を惜しみ、強く求め合った。頃合をみて義姉が、

「これ以上は切りがなくなるよ。タクシーを呼んだし」

「じゃ、最後にここだけ」

義姉にそう言って、彼女の耳たぶを咥えた。強く吸いはじめると、

「あっ……あぁ……ダ、ダメ……かんじ……るぅ」

あえぎ声を発しながらも、義姉は手をつっぱって離れた。

「そこが義姉さんの一番感じるところだから」

「ばか……」

と、腕をたたかれた。そうしてるうちに玄関のチャイムが鳴った。タクシーが迎えにきた。

「ありがとう、義姉さん」

胸を詰まらせた。

玄関の式台で軽いキスを受けると、

「お元気で」

「義姉さんも……」

愛くるしいえくぼを浮べ、義姉はいつまでも手を振り、見送った。

このたびの再会で、義姉の情愛が揺らいでいなかったことに、気持ちは晴れやかであった。

朝の千葉行きの総武線は空《す》いていた。移りかわる景色に重なって自分が映っている。

語りかけた。

（義姉さん、よかったよ。それにしても、入れ歯だったとは……歯茎でかまれるってすごい……）

景色をぼんやり眺めながら、昨夜の情事をなぞった。

このとき、義姉との会話で「また」という言葉がなかったことに気づいた。年齢や体の状態から、次がないことを無意識に了承していたのだと思った。

稲毛駅のホームに、妻が手を振って出迎えてくれた。

妻は自歯か。ちなみに妻はふっくら系であるが、妻には妻の魅力がある。

帰りはどこか温泉にでも、と考えた。そのとき頭に浮かんだのは、勃起障害、ＥＤ治療薬の新聞広告だった。

使ってみろ、とのご託宣と受け取った。さっそく妻に試してみよう。

コロナ禍を乗り切る自信あり

千葉県・無職・七十七歳・男性

シックスナインの体位で僕が上になり、千歌子《ちかこ》の若い陰裂を強く吸ったり、そっとなでたりを繰り返していた。

「もう入れて」

「え、なんだって？」

もう一度言わせたい。聞こえなかった振りをする。

「もう辛抱できません。入れてください。お願いします」

「入れてほしいんか？」

「いじわる」

その言葉とは裏腹に、千歌子がうなずく。

「中が気持ちいぃ。先生のが入ってるぅ」

体を震わせ、よがり声をあげる。

「僕も気持ちいいッ」

千歌子の腰を持ちあげ、深く挿入しようとしたが、重くて上がらない。それを察した千歌子が、すばやく腰を浮かせてくれた。

二〇二〇年八月十七日、初夜ができた。


僕はいま七十七歳。七十歳前後から、自分の体力が徐々に低下していくのがわかってきたので、千葉県南房総市《みなみぼうそう》で長年続けてきた塾を七十五歳のときに閉鎖する決心をした。

塾を閉鎖する八カ月前、台風十五号の直撃に遭い、一週間近く停電になった。夏の最中にエアコンも冷蔵庫も扇風機もない生活をしいられた。風呂は入れない。トイレもままならぬ。いま思い出すだけでぞっとする。

僕はもともと長野県で教師をしていたが、四十歳のとき病気療養のため、房総の海辺に引っ越したのである。体が弱かったので結婚の機も逃し、もちろん塾をやるつも

りなど考えもしていなかった。

だが、近所に住む高校生と散歩中あいさつをするようになり、数学を教えてと頼まれたのがきっかけだった。

高校生は友達を次々に連れてきて、一週間で六人になった。高校生は一対一、中学生は三人の小クラスで教える。予想以上の反響だった。口コミで、遠くからも志望者が集まった。

その塾をまる三十五年やり、約百四十人を大学に入れた。そのうち第一志望率は四十パーセントを超えていた。また東、京、早、慶、上智《じょうち》の超難関校に毎年誰かが合格していた。

塾をたたんだ七十五歳の五月、千葉県庁の近くに快適なマンションを見つけて引っ越した。引っ越した直後から、疲れが出たのか気がゆるんだのか、あちこち悪くなった。

ひと月ほどの間に内科、耳鼻科、眼科、精神科を二週間に一度通院しなければならなくなってしまった。

一時は通院のため、バス停までの距離約百メートルを二度三度立ち止まり、なにかにつかまって休憩しなければ歩けなくなったが、コロナ禍はまだなかった。

二年後の七月二十二日。耳鼻科の通院の朝、バスのステップを降りると突然ふらつき、目の前が真っ暗になり、歩道に両手をついてしゃがみこんだ。息が苦しいので、マスクをはずした。その瞬間、僕は恐怖に捉われ、救急車を呼ぼうと、ポケットのスマホを探ったが、そのスマホが見つからない。額に脂汗が滲《にじ》んだ。

そのときだった。

「先生じゃありません？」

かろうじて声を振り仰ぐと、元生徒の岡元《おかもと》千歌子だった。

「良かった。助かった」

「大丈夫です。すぐそこに喫茶店がありますから、休みましょう」

千歌子が僕のズボンのバンドを握って引きあげてくれたので、立ちあがることができた。

他人の目を気にする若い女性のできる親切ではなかった。

カフェの席に座ると、気分が少しましになった。

千歌子に今朝のことをかいつまんで話した。僕は病院に行く途中だった、最近千葉

に引っ越した、体調が優れなくなっていることなど、近況を断片で支離滅裂にしかならなかった。

温かいコーヒーが運ばれてきた。香りが良かった。何年振りか。ミルクと砂糖をたっぷり入れ、口にすると喉越しから胃にかけて暖が体内にひろがった。

「今日は九時の出勤なんです。まだ時間は十分あります。八時五十分までここにいられますが、もし先生の体調が良くならないのでしたら、欠勤してもいいんです」

「ありがとう。本当に助かる」

僕の顔は輝いたのだろう。千歌子の顔も輝いた。

「美大に行って、東京のインテリア事務所に勤めたよな。東京に住んでいると思ってたから、引っ越しを知らせなかった」

千歌子は美大のデザイン科に入ったが、かなり優秀だったらしく、店舗設計で有名な事務所に就職した。まさか千葉にいるとは思わなかった。すると僕の考えを察したのか、

「二年前、高級レストランやカフェの店舗設計をまるごと請け負うインテリア事務所から誘われたんです」

千歌子は、どや顔になった。

「まぁ、見そめられたわけや。美人と能力は見そめるられるからなぁ」

僕の言葉に千歌子は口を覆いながら、ケタケタ笑った。

「私、顔変わったでしょ。体重も五キロ増えたし、高校時代は五十キロなかったのに……」

「変わった。女性の顔変わりしたなぁ。男女とも人生で四度も五度も顔変わりするよ。その人間の状況に応じて、顔が良くなったり悪くなったりするんや。だから、さっきバス停でちいちゃんを見あげたとき、声は覚えているのに顔が違うから、最初わからなかった」

「そうなんです。高校時代の写真を見ると別人かと思うくらい貧相で、あの顔では良いことが起こるわけがないのよ」

話しているうちに、僕はだんだん落ち着き、元気が出てきた。

入塾の面接に来たときの彼女の様子が蘇《よみがえ》った。不安をいっぱい抱え、ネガティブに生きてきた目つきをしていた。入塾後、千歌子は僕の教えを忠実に守り、成績は飛躍した。

そして心配事のある顔つきで塾に来たときは、その場で理由を聞いて解決方法を教え、そのつど不安を取り除いた。

中三の夏休みだった。千歌子の異変に気づいた。

「男の問題で困ってるやろ」

「えっ」

千歌子が驚いた顔をした。

この地域は早熟で、中学生でも男女の関係になっている生徒がかなりいる。高校になると、女生徒の半分くらいは経験者だった。

「好きな男性ができたのに、怖くなって拒否したんじゃないか?」

顔を見て、頭に浮かんだままを口にすると、図星だった。こういう話は、言いにくそうに話すより、あっけらかんと話したほうが答えやすい。

それで千歌子も切り出せたようだ。

「好きな人とデートしてキスを繰り返しているうちに、ふたりとも、いくところまでいく気になってしまったのですが、筋肉がギュッとかたまっちゃって、できなかったのです」

さすがに千歌子は顔をバラ色に変え、自嘲した。

あれから、すでに十五年がたっていた。


僕は、そろそろ出勤時間だと心配になり、壁に目をやったが、時計がない。ポシェットから携帯電話を出そうとすると、千歌子はスマホで電話しはじめた。ふくよかで張りのある手の甲なのだが、指が長かった。

「もしもし、岡元です。会社の前のバス停で高校のときの塾の先生に会ったんですが、困ってらっしゃるので、とりあえず午前中はつきそいます。一応、午前中は欠勤だということをスタッフや社長に連絡お願いします」

話に無駄がなく、手際がよかったので感心した。

そのあとすぐに、僕が目まいを起こしたバス停まで戻り、千歌子のマンションに連れていかれた。

マンションは十五階建ての十四階で、ホテル形式のワンルームになっていた。キッチンに続き、リビングがあり、その奥にベッドルール。使いやすそうだ。

部屋に入るなり、

「おぉ、ナイスビュー」

と、声がもれた。東側には森、南側に市街地がひろがっていた。眺望に変化があってすばらしい。千歌子が僕をソファに座らせる。

彼女が病人に親切にする理由は育ちにあったのを思い出した。高一の夏休みの課題は「私の家族」と題する原稿用紙十枚の小論文だった。

彼女が物心ついたときから同居する、目が不自由で手足のまひした強度の自律神経を病んでいる祖母との触れ合いを通して、介護福祉の現状を論じていた。

彼女の論文を読んだ担任は、役所があと押しする介護福祉団体の懸賞論文に応募した。論文は全体で三位、高校部門で一位になった。

「そういえば、おばあさんの介護で自律神経のことに詳しかったんだなぁ」

「ええ、ばあちゃんも先生と同じような症状が出ていました。ちょっと手を貸して」

彼女は自分の膝の上に僕の手を引きよせた。

「自律神経って、こうして手足の指先を揉んだり擦《こす》ったりすると、気持ちが良いでしょ？」

彼女は僕の両手の指先を握ったり擦ったりしはじめた。

瞬間、血液が指先に流れ、温かくなった。しかも、擦りかたの強弱と場所が合っていた。

「気持ちいい」

自然に声がもれる。

五分もすると、口の中が泡でいっぱいになったので、もぐもぐさせていると、

「口の泡は胃から逆流するらしいのです。先生、私の膝に向きをかえて、足を乗せてください」

彼女は手ぬぐいを膝の上にひろげた。僕が躊躇《ちゆうちよ》していると、

「別に汚くなんかありません。電車やバスのシートのほうがずっと汚いですよ。どんな人が座ったかわかりませんもの」

ベージュのキュロットスカートの上に僕の両足を引きよせ、靴下を脱がせ、厚手の手ぬぐいで足首全体を包み、まず右足の親指を擦ったり握ったりしはじめた。指の側面をつまむ。

これも、足マッサージ専門店のインストラクターよりもはるかにうまい。五本の指の間に彼女の指を挿しこみ、つま先を折ったり伸ばしたりする。口中に白い泡が充満し、手の甲で拭わねばならなかった。

「あぁ、気持ちいい」

僕はティッシュで泡を何回も拭きとった。

「そろそろ行きます。一時に会社に寄り、図面を取って八重洲《やえす》のホテルに行きます」

千歌子は赤いマスクをバックに忍ばせて出ていった。

僕は誰かのために生きつづけると、運がもらえると思っている。今日、ピンチのときに千歌子と会えたのは、大学入学後も彼女のために少しはなっていたからだろう。

そんなことを考えていると、枕もとに用意しておいたスマホが鳴った。

「先生、大丈夫ですか。今、ホテルに着きました。クライアントとの打ち合わせを四時までに終えて、デパ地下で買い物します。また、終わった時点で連絡します」

僕は安心し、ありがとうと感謝した。

元気が出ると、おなかがすいてくる。冷蔵庫を開けた。流動食しか食べられないのだが、そういう食材を探すとそれなりにある。野菜ジュース、メロン、ヨーグルトがあった。ラッキー。小一時間ですべてたいらげる。

倒れたときはもうだめかと思っていたのに、夕方にはすべてうまくいく気分になっ

ている。改めて自分の運に感謝した。

また、スマホが鳴った。

「先生、今終わりました。思いがけず順調に話が進みました。これからデパ地下で買い物して帰ります」

その一時間後、玄関で音がした。はじける笑顔でドアを開けると、大きな買い物袋を四つ下げたちいちゃんが、同じ笑顔で立っていた。

テーブルの上に袋を置いた隙間にほっぺにキス泥棒をし、ついでに乳房をもみもみした。すると、ちいちゃんはすばやい動作で僕の一物を握り、反撃。

キャーキャー言いながら触ったり握ったりしていると、ちいちゃんの手がタマタマに当たった。僕は参ったの合図をした。

「これはすぐ食べられるもの」

言いながら、ちいちゃんが買い物袋をひとつ開けた。

僕は中をのぞきこみ、まずコーヒープリンを取り出すと、椅子に腰かけ、ガツガツたいらげた。

空腹感がすごい。ゆっくり食べようと思っても無理だった。喉が詰まる恐怖感にお

びえながら、手が動いてしまう。

「クライアントがその場で思いつきを言うから、これまで何度も打ち合わせしているんだけど、そのつど新しい要求が出てたんですよ。ところが今日は、トントンと話が運んで契約までいけた」

「何屋さんなの？」

「ベンチャーの創業者と本社の応接室で打ち合わせてたの。同業とは違う高級感、エリート感を出したいのよ。壁紙からテーブル、事務所のレイアウトなどすべてひっくるめて二百平方メートルはあるかな」

「予算はどれくらいや？」

「十億」

「すげーな」

「若くしてあんなに持ってれば、謙虚にはなれないわねぇ」

この日から、ちいちゃんのマンションに同居させてもらえることになり、下着など必要品を取りに、タクシーで二度往復することになった。

運動は、広いワンルームとベランダでできるので、ちいちゃんを送り出したあと、

日に何度も眼下にひろがる森の公園、中央の池に注ぐ小川を眺めながら運動をした。

八月に入ると、コロナ禍の感染者数は急増しはじめた。

毎朝、各局ともワイドショーで特番を組んで昨日の感染者数を発表し、コロナ禍が日本だけでなく、人類史上多大なマイナス要因になりつつある、と感染症のエキスパートとコメンテーターとで延々と流す。

もともと七月のはじめから、コロナの発症件数が多くなっていた。会見に現れる責任者の様子を見ると、これは危ないと僕には感じとれた。都内で百五十人、千葉でも四、五十人前後、毎日のように発病者が出ていた。街の通勤の様子や世相は一変。全員マスクをして歩くようになった。通勤、通学以外の人がほとんど通らなくなった。

これまでは定員オーバー状態だったバスが、一台の車輛《しゃりょう》の乗客数が十人前後くらいに減り、コンビニを利用する客も激減。各店舗の入口に消毒薬が置かれるようになった。

それを見ると、こっちもよけい危ないと感じる。この年で発病すれば、重症者になりかねない。外に出る回数を減らした。多くの人が僕と同様に家で過ごすようになった。サラリーマンはテレワーク、子供も奥さんも家にいるのだから、ストレスだけは

たまる。

僕らふたりはコロナ禍が幸いした。最善の注意と対策をして、あとは運に任せるという似た考えをもっていた。

いっしょに暮らしてみてわかったのだが、食べ物の好みがよく似ていた。魚好きでもホタテとイクラが大の好物で、肉はネギだけのすき焼き、ケーキ、カステラなど甘いものに目がない。だから、話が弾んだ。

彼女は仕事が終わると一目散に帰宅。僕らは夕食を楽しみはじめる。そして夕食のあと、

「そろそろ、はじめましょうか」

ちいちゃんが先導してソファに移り、いつものように手の指から揉みはじめる。足の指に移ると、僕も空いている手でちいちゃんの乳房を揉みはじめる。

「やめて、やめて。変な気になってきちゃった」

こんな具合に夜になる。夜は互いに相手のものを触ったり、舐めたりし合う。

八月十六日、ふたりで夕食のあと片づけをしているときのこと。

「結婚するか。秘密結婚になるけど……」

不意に思いついた言葉が出てしまった。

「するする」

千歌子はうれしげに即答した。年齢差は四十五歳。彼女の両親や職場の同僚を、僕のほうでも唯一の肉親である妹を説得できるとは思えなかったので、ふたりだけの秘密結婚となった。

その夜が僕らの初夜だった。風呂でのいちゃつきは、バス停以来、毎夜の行事。片方の手で乳房や乳首をなでたり摘まんだり、もう片方は中指でクリちゃんの突起をまるく愛撫する。

ちいちゃんはうしろに手をまわし、僕のペニスとタマタマを握ったり擦ったり。すると、たちまち棒状になった。

「出ちゃうよ」

「気持ちいいでしょう」

たっぷりと張った湯船の中で、心と体が初夜に向かう戦闘モードに入る。

ベッドに向かうと、いつ準備したのか、敷布は濃いピンク、掛布団は薄いピンクに取りかえられていて、いい香りが漂っている。僕は彼女に早く、と手招きをした。

「お願いします」

晴ればれとした声で、彼女もベッドにもぐりこんできた。

さっそく、お互いの感じるところを愛撫しはじめた。ちいちゃんは乳首に極度に反応する。横抱きになり、右手で乳首を摘まむと、

「いやぁん」

よがり声をあげ、身をくねらせる。それではとばかりに、僕のペニスに自分の愛液をつけ、ゆっくりとピストンさせる。

「やめろ。出ちゃうぞ」

「やめてぇ、感じすぎる」

互いの嬌声《きようせい》が飛び交う。

挿入しようとちいちゃんのバギナにペニスの先をつけると、彼女のバギナがギュッと収縮し、とても無理である。

「今日はここまでにしとこ。明日、この続きをすればいいよ。少しずつ慣らしていけば、いつか初夜になるよ」

翌夜は、亀頭まで挿入できた。そして三日目に根元までしっかり挿入できたが、そ

の瞬間、

「先生？」

ちいちゃんは僕の背中に爪を立てて声を震わせた。

シーツについた処女の証《あかし》を、ちいちゃんはうれしそうにティッシュで拭った。

「冬になり、コロナがぶり返したとしても、ちいちゃんとふたりだから乗り切れる」

僕がそう言うと、

「私も乗り切る自信あり」

彼女の顔が輝いた。

われ勃ちぬ

秋田県・主婦・五十七歳・女性

私が俳句に興味を持ったのは、以前勤務していた介護施設にボランティアで月一回川柳の講座を開いていた豊島《としま》先生のおかげでした。

教職を定年退職されて悠々自適だった豊島先生は、古稀《こき》という年代よりも若く見えた。なにより姿勢がよくて、おしゃれでダンディーという言葉がピッタリのすてきな方でした。

先生の講義は年配の方にもわかりやすく、そして話し方が上手でとても楽しかったので、つきそいで拝聴していた私も徐々に興味を持つようになっていったのです。

そのうち先生を車で送迎するようになり、道すがらに自分の句を見ていただいた際に、

「春野《はるの》さんは筋がいい。これからも詠んでみませんか?」

と褒められたのがうれしくて、すっかりのめりこんでいったのです。

施設を辞めたあともメールやカフェで落ち合って川柳の指導や添削をしていただいていたのですが、ある日、

「春野さん、すまないがうちの家事を手伝ってもらえないかな。じつは先日、けがしてしまってね」

と、連絡が入ったのです。奥様を数年前に亡くされてからひとりで家事を切り盛りされていた先生でしたが、さすがに足をおけがなさっては不自由されているご様子。独立なさったご子息たちも遠方にいるとあって、困り果ててのお願いでした。

こちらも旦那は単身赴任。子供たちも独立していたので足しげく先生のお宅に通い、訪問介護当時の経験を生かし、心をこめて先生のお世話をいたしました。

先生はたいへん喜んでくださり、相場よりもかなり多めな謝礼を包まれたのです。

「先生、困ります。そうでなくても川柳まで授業料なしで教えていただいているのに……」

と言うと先生は、

「いいんですよ、私は本当に感謝していますので。川柳だって筋のいい方に教える喜びを享受してますから……これはそのほんのお礼です」

とおっしゃって、

――花束にして贈りたきわが感謝

という句の書かれた短冊を添えてくださいました。そして、

「それと、ずうずうしいお願いになるのですが、その……そろそろ湯船にも入りたくて……できれば助けていただきたいのですが……」

と、恥ずかしそうに頭に手をやりました。

「いいですよ。では、今すぐにお風呂の用意をして参りますね」

と言って、

――湯船にてわが師へ恩を返す秋

と返しました。

前職のころはかような入浴介助は通常業務だったので、私はなんの躊躇《ちゅうちょ》もなく承ったのです。すると先生はうれしそうに顔をほころばせ、

「ああ、よかった。こんなこと気軽に頼める人なんていないからね、本当に助かる。

じゃあ、すまんが隣の和室のたんすのいちばん下の引き出しに、うちの女房が使っていた水着が入ってるから、いやじゃなければぜひ使ってください。あなたは女房に背格好が似てるので、たぶん入ると思いますから」

では、ご好意に甘えて……と私はたんすを開け、昔の女優さんが着ているようなレトロでかわいい白地の水着を選んで着がえました。

そのとき、たんすの上に飾ってあった奥様とおぼしきお写真が、なんとなく私に似ているような気がして、少し不思議な感じがしました。

さて、いよいよお風呂がわいたのでシャワーで温めた浴室に先生を誘導。全身をさっと流したあとに、湯船へと介助すると、

「ああ、久しぶりにイイ気持ちだ。生き返った気分だよ」

と、たいへん喜んでくださいました。

「よかった。じゃあ、次はシャンプーをいたしますね」

と、湯船から上がって、椅子に座った先生の上半身を背後から抱きかかえるようにして支え、ちょうど私の胸に先生の頭を乗せるようにして洗髪しました。

これは介護用の風呂椅子がなかったので、安全確保のためにとった姿勢でしたが、

先生はたいへん戸惑った様子で、

「なんだかいいのかな。こんな昔の王様みたいなサービスを受けてしまって……」

「うふふ、先生って、おもしろいことおっしゃるんですね」

「いや、だって……こんなのはじめてだから……も、申し訳ないね」

やたらと恐縮する先生が、なんだかとてもいとおしく思えて、

「私も先生のお世話ができてとてもうれしいんです。これは恩返しなので、どうか気になさらないでくださいね」

そう言いながら、今度はスポンジにソープをつけて体洗いに移りました。そして、

「すみません、先生、ここも洗ってよろしいでしょうか？」

と言って、腰部を洗おうとしたら、先生はたいへん慌てた様子で、

「あっ、大丈夫。それは自分で洗うから」

と言って、急に立ちあがろうとしましたが、そのときにずっと腰部を覆っていたタオルがはずれて……先生の、お年とは思えぬほど垂直に勃起した陰部があらわになったのです。

「あっ」

いけないとは思いつつも予想外に立派なソレから目が離せなくなっていたら、先生が焦って身を隠そうとした拍子によろけてしまったのです。

「危ない！」

とっさに受け止めたものの、今度は私が体勢を崩してしまい、そのまま浴槽に落ちてしまいました。

「だ、大丈夫？」

慌てた先生に抱き起こされ、

「ごめんなさい。介護士という元プロにあるまじき失敗でした」

と言いながら、湯船から上がったのですが、なぜか私をじっと凝視していた先生に、いきなり抱きすくめられたのです。

「あ、あの、先生、私は大丈夫ですから……」

訳がわからなくなって必死に声をかけると、先生はハッと正気に戻ったような顔になって、

「ああ……春野さん、申し訳ない。私としたことが、いい年をして……」

と、うろたえだしたので、

「こちらこそ申し訳ございません。配慮不足でした。あのぉ、うしろを向いてますので、どうぞ、ゆっくり洗ってください」

と言って、先生に背を向けると、ちょうどそこには大きな鏡があって、私の姿が映し出されたのですが、なんと水着が透けてしまって、乳首も下のヘアもくっきりと見えていたのです。

（この姿を先生に見られたんだ。だから……）

そう気づくと、急に恥ずかしくなって、その場にしゃがみこんでしまいました。すると、いつの間にか先生にのぞきこまれていて……。

「大丈夫かい、春野さん」

やさしく聞いてくる先生と目が合った瞬間、どちらともなく唇を求め合ってしまい、そのまましばらく激しいキスを交わしました。

「春野さん、すまない。でも、あなたがいとおしくて仕方ない。決して今に始まったことじゃあないよ。ずっと、ずっとあなたのことが気になっていたんだ」

「先生……」

私もひそかに抱いていた先生への淡い思いをこのときハッキリ自覚したのです。

先生は私を見つめながら、

――いとおしき湯殿の花よ濡れてなお
とつぶやくと、また激しく口づけをされました。

いったん離れたあと、私も、

――抱かれてはじめて気づくわが慕情
と返して、先生に抱きつきました。

「春野さん……」

「いや。麗《れい》と呼んでください」

「わかった。麗、僕のことも先生じゃなくて清治《せいじ》と呼んでおくれ。ひとりの男として
……」

そう言って、先生は私を抱き起し、

「寝室に行きませんか?」

私がうなずくと先生は私を抱きあげて、お姫様だっこで運びました。

「先生、ダメです。危ない。私、重いから、また足に負担が……」

「足はもうだいぶいいよ。それに元登山部で鍛えられてるし、麗は全然重くない」

そうほほ笑みながら、私を寝室までつれてゆくと、先生はいったん私を床におろし、水着を脱がせてタオルでやさしく私を拭いてくださいました。

お返しに、私も先生の体を丁寧に拭いてさしあげました。

ふと腰に目をやると、先生の分身が少し元気がなくなっているように見えたので、ひざまずいて下半身を拭きながら、そのまま分身を口に含みました。

「あっ……麗、だめだよそんなこと……」

先生は戸惑っている様子でしたが、そんな先生がいとおしくて、私はそのまま口の中で分身に舌をはわせ、思いをこめて吸ったのです。

「ああ、麗……なんて気持ちいいんだ。こんなのは、はじめてだよ」

先生がうめくようにおっしゃりながら、私の頭をやさしくなでまわします。

その手のぬくもりがうれしくて、なおもクチュクチュと舌をはわせると、だんだん分身が口の中で硬くなってくるのがわかりました。

——女菩薩《によぼさつ》が咥えいざなう極楽へ
先生はそう詠むと、いったん身を離して私を抱きあげました。

「これ以上したら、本当に往生しちゃうよ。今度は僕が麗を昇天させてあげるね」

そう言って、私をベッドにあおむけに寝かせると、乳首に吸いつきました。

「はあ……ん」

先生はネコがミルクを舐めるように、乳首をぴちゃぴちゃと舐めながら、乳房を大きくゆっくりと揉みしだきます。

やがておなかから足のつけ根までやさしくキスをしたあと、今度は太ももを両手で割るように開き、私の秘部をまじまじと凝視するのです。

「ああ、清治さん……そんなに見ないで」

恥ずかしさで身をよじる私に先生はなおも、

「すばらしい……なんて淫靡《いんび》で美しい眺めなんだろう。陰毛に愛液が付着して、艶々と光っている風情がたまらない。おサネもぷっくりと熟れてかわいらしい。そしてひくひくと小刻みに動きながら、僕を誘惑しているこのばら色の洞窟も露に濡れそぼって……最高だ、最高だよ、麗！」

と言いながら、熱い舌で秘部をべろりと舐め出しました。

「あはぁん」

「ああ、愛液がどんどんとあふれ出してくる。この匂い、この味……どんどん力が湧

きあがってくるよ。最高の回春剤だ」

「いやん、清治さん、そんなイヤらしいこと言うなんて……」

「ふふ、その恥じらっている姿が最高だね。さあ、もっと感じて。もっと、身もだえて」

そう言いながら先生は、クリトリスに吸いついたり舌で弄んだり、さらにはお尻のほうまで舌をはわして、いちばん恥ずかしい穴まで舌先でつついてこじ開けようとするのです。

「だめぇ……そこは洗ってないのに……ああ、どうか堪忍して……」

「そこがいいんだよ。人間、生きてるからこそ匂いも味もあるんだ。これは命の賛歌なんだよ。だからこそ、僕も若返る。ほら、もうこんなに……」

そう言って、先生はすっかりと復活した分身を私の中にグイッと押しこんできました。

「ああっ……清治さん」

「きれいだよ、僕の女菩薩」

先生は徐々に激しさを増して私を突きあげます。

私は手足を先生の全身にからめて、

――愛の火で溶けて流れて散ってゆく

と詠むと先生も、

――もだえ舞う女菩薩浄土へ送りたし

と返してくれました。

「愛してるよ」

「ああ……」

感嘆しながら、ふたりほぼ同時に昇天してしまったのです。ひと息つくと、先生は台所からジュースを持ってきてくださって、

「麗、ありがとうね。とてもかわいかったよ」

と、やさしく抱きしめてくださいました。

「私こそ……久々に、とてもすてきでした」

と答えると、ほほ笑みながらキスしてくれました。

「ねえ、麗、もし君がいやでなければ、次はこれを使ってみたいんだけど……」

と言って、ベッド脇の小机からなにかを取り出したのですが、それはまだ未開封のバイブでした。

「ま……あっ」

「あっ、誤解しないでほしいんだ。これは三年前に女房と使おうと思って買ったやつでね。でも注文した直後に、女房は脳出血であっけなく逝ってしまって……」

「そうだったんですね……」

「葬式後に届いたから、ずっとしまってあったんだ。もう使うこともないと忘れていたんだが、思いがけずに君とこうなって……私は年だから、若いころのように女性を楽しませることは難しい。だから、これで麗をもっと歓《よろこ》ばせてあげたいんだ。こんな愛のかたちでもよければ……」

「清治さん……」

先生の思いがとてもいじらしくて、

「お願い。使ってください」

と答えました。すると先生はいそいそとバイブをセットしはじめたのですが、ふたたび小机の引き出しから、なにかを取り出して、

「この小道具も使わせてもらうね。縛るのは平気かい？」

私がうなずくと、先生はタオルで私の両腕を軽く縛り、ベッドの上にあおむけに寝

かせました。ドキドキしながら待っていると、

「ほうら、全身で感じておくれ」

と言いながら、私の体をなにかやわらかいものでなぞりはじめたのです。

「あん、くすぐったい……なんですの？」

驚いて上半身を起こしてみると、それは揮毫《きごう》に使う小筆でした。

それで私の体中に絵を描くようにして強弱をつけ、縦横無尽になぞるのです。

「あは……ん、いや、じ、じれったいですぅ」

と、身をよじると、

「動いちゃだめだよ」

乳首や耳の裏を弄ぶようになぞります。

「はあ……ん、清治さんのいじわる。そんなにじらさないで……」

「ふふ、だいぶ感じてきたね。それじゃあもっと、さいなんであげよう」

冷たいものが乳首に触れました。

「ひあっ」

それはジュースの中に浮いていた氷でした。先生は氷でまた私の全身をなぞり、ふ

たたび乳首を執拗《しつよう》に責めたてます。

筆先の刺激でふくらんだ乳首は、先ほどとは逆の鋭利な快感に痛いくらい勃起してしまいました。

「ああ、はあ……はぁん」

打ちあげられた魚のように身もだえる私を見ながら先生は、

「だいぶ熟してきたね、では、そろそろ……」

と言いながら、私の蜜壺に三叉《みつまた》のバイブを押しあて、ヌプ、ヌプっと入口付近でじらしながら出し入れします。

「ああん、清治さんのいじわる……そんなに弄ばないで、早く、早く入れてください……」

――おねだりで腰くねらすや淫ら女《め》は

「どこになにを入れてほしいのかな。言えない子にはあげないよ」

ふだんは紳士的だった先生の意外なSぶりに、私は戸惑いつつも、いつしか先生のペースでしっかりとなぶられてしまっていました。

「ああ……ひどい」

「あふん……ん……はあん」

「おやおや、そんなに腰をくねらせて喜ぶなんて、まるで盛りのついたメスネコだね。そういう子にはこうだよ」

先生は今度はアナル部分に三叉のうちの残りの部分を押しあてて、振動を強にしました。

「はぐっ、う……っくぅ」

「いいよ、もっと乱れて。僕は女性が快感に狂ってイッた瞬間の顔にいちばん興奮するんだ。さあ、もっと感じておくれ」

そう言いながら、先生はバイブを挿入したまま私に覆いかぶさり、今度は私の耳をベロベロと舐めはじめたのです。

「ああ、だめよぉ、そこはぁ……」

「やっぱり耳が弱点だったね。さっきの筆遊びで性感帯を探していたのさ。それと乳首がとても敏感だね。このふたつを責めつづけていれば、麗はインサートしなくてもイッちゃうんだろうね。君は私の宝物だよ。ああ、いとおしい。さあ、もっともだえ狂ってごらん……」

まるで軟体動物のようによく動く舌で耳たぶをしゃぶり、耳の穴に舌を侵入させます。そして両手で私のふたつの乳房を揉みしだき、乳首を執拗につまみあげるのです。

「はあ、はあ、ひぃっ……もう、だめ、死んじゃう。死んじゃいますう！」

「もう昇天しちゃうの？　まだ早いよ。もっと歓びを堪能《たんのう》させてあげるから」

そう言って、下半身のほうに体を移すと、今度は両足を大きくひろげ、まず右足に抱きつくと膝の裏をシャブシャブとしゃぶりだしたのでした。

「はひぃ……」

そしてもう片方の足も同じように舐めながら、愛液でとろとろになった私の蜜壺を何度もバイブで責めつづけるのです。

「あああ……こ、こんなのはじめて……清治さん、私、死んじゃいそう」

「本当に麗は全身敏感だね。このかわいい足も思ったとおり敏感だったね。いいよ、いいよ、すごくいい」

――快楽に蕩《とろ》ける花の顔《かんばせ》よ

先生はそう詠んで、言葉でも私を愛撫しながらバイブの動きを速めます。

グチュクチュというエッチな音と、バイブのモーター音、そしてふたりの息遣いが

部屋中に響いて頭がトロトロになったそのとき、つま先に新たな快感が電気のように走りました。

先生が私のつま先に舌をはわしたのです。

「あひぃ……」

思わず体をそりあげると、先生はなおも蜜壺を責める手をやめず、

「おいしい、おいしいよ、麗。ああ、最高だ。ほら、もっと狂って。もっと乱れて」

と言いながら、飢えた獣のようになって私の足指をしゃぶり、指の間を舐めまわすのです。

「ああ、ああ……イッちゃう。私、もうイっちゃう……」

そう叫ぶと先生は、

「その顔だ。いいよ、本当にきれいだ」

――女菩薩の歓喜の顔にわれ勃《た》ちぬ
そう詠みながら、先生はやっとバイブを抜いて、私の中に自身を挿入してきました。

「ああ……清治さん」

ようやく先生が縛った腕を解《ほど》いてくれたので、私はしっかりと先生に抱きつき、恥

じらいも忘れて貪るように腰を降りつづけ、そしてついに達してしまいした。

「麗、激しかったね。そんなに気持ちよかったのかな？」

「すごかったの……こんなすごいの、はじめて……」

「そうか、それはよかった。それでどこがいちばん気持ちよかったのかい？」

「オマ×コ、オ×コがよかったのぉ」

「そうか、そうか。僕も女房が死んで以来だし、ずいぶんとがんばってしまったよ。これも麗のおかげだ。でも、僕はまだイッてないからね、もう少し楽しませてもらうよ」

そう言うと先生は、私を上に跨《また》がらせての女上位、さらに対面座位で腰をグイグイと突きあげてきました。私も応えて腰を振ります。

「おお、いいぞ、麗。その腰の振り方、なんてみだらで美しいんだ。素晴らしいよ」

――つながって天女は踊る愉悦の舞
「ああ、許して。またイッちゃいそう……」

「麗、そろそろ僕もイカせてもらうよ」

私の体をうつぶせに寝かせると、バックの体勢で挿入してきました。

「はあ……んもう、溶けそうですぅ……」

「おやおや、麗のオマ×コは感じすぎて、愛液でグチョグチョだねえ。でもこれじゃ、僕のは滑ってはずれそうになる。ならば、こちらから……」

そう言うと、先生は私のアヌスに指をプスリと入れたのです。

「はうぅぅ……い、いやです。そこは……やめてぇ、お願い！」

懇願しても先生はやめてくれないどころか、ますます指を深々と入れてきます。

「ああ、そんな……いや、だめです。許してぇ」

半泣きになって懇願しても先生はやめずに、

「だってこんなにきれいな白いお尻の中で、このかわいいすみれ色の穴が僕を誘惑してるんだもの、我慢なんてできないよ。それにこれほどすんなり入ってしまうのはアヌスもいける証拠だよ。じゃあ、せっかくだからこっちで果てるとしよう……麗、愛してるよ」

——菊門に供える白き愛の神酒《みき》

先生はそう言いながら、一気にアヌスへと挿入してきたのです。

「あぐっ。う、うう……」

「ああ、こちらも絶品だ。力がみなぎってくる。まるで若いころに戻ったみたいだ。

すごい！」

「ああもうイクぅ……清治さんも来てぇ！」

「いっしょに行こうね。愛してるよ、麗……」

こうして私たちは、ふたり同時に達してしまったのでした。

それからしばらく、ときどき会っては川柳を送り合い、愛を確かめ合っていましたが、やがて独り身の先生を心配なさったご子息の懇願で同居を決め、遠い地へ引っ越なさってしまいました。

ですが、今でも週一回はネットで逢瀬《おうせ》を深め合い、静かに愛を育んでいるのです。

トラック仮眠席の人妻

埼玉県・会社役員・七十一歳・男性

会社が契約していた運輸会社の運転手がバカな誤配をやらかした。それが予想外の面倒になって、私と運輸会社の専務の咲子《さきこ》さんとで解決した。

当時の私は四十三歳で独身、中小企業の常務。咲子さんは三十三歳、小学三年の息子がいて、自ら八トントラックを運転する肝っ玉母さんだが、英文科卒業の才媛でもある。

身長一六五センチの細身、上品な顔立ちで、黒髪をうしろでキュッと留めていた。仕事中はいつも、白のつなぎ服にバスケットシューズだ。

咲子さんの夫で社長の高志《たかし》さんは、現在行方不明。噂《うわさ》ではフィリピンで、現地の女性と同棲《どうせい》しているらしい。

そんなある日、咲子さんが私を誤配のおわびで居酒屋に招待してくれたが、ふだんのつなぎ姿とは似ても似つかぬ上品な薄い紫のワンピースにハイヒール。その変身にびっくりした。

「いやあ、シンデレラの変身ですね」

私は正直に口にした。

「歯が浮くようなお世辞は、やめてください」

「またその歯が白くて、おきれいだ」

「はいはい。それでは、年増《としま》のシンデレラと中年の王子様で飲みましょう」

すぐに打ちとけ、会話に花が咲いたが、私の昔の女の失敗談で咲子さんがずっこけた。

「本当にまぬけで、情けない失敗ですね」

「おかげで、今は女性恐怖症ですよ」

咲子さんがブハッと吹き出した。

笑える失敗談をさらに続けると、

「もう、やめてください」

と、右手で私の肩をたたいた。

「あっ、すみません」

「大丈夫。ちょうど肩が凝ってましたから」

またまた咲子さんがひっくり返って笑った。

以来、ときどきいっしょに飲むようになり、酔うとふざけて「王子様」「シンデレラ」と呼び合うようになった。

しばらくして、咲子さんの息子が風邪で入院した。ところが、私には肺炎と間違って伝わったから、慌ててお見舞いに行った。咲子さんは、私を誤解させたことと、早くて丁寧なお見舞いに恐縮して、感激してくれた。

それからというもの、仕事でも飲み会でも、ふたりの間の距離が自然と近くなった。

そして用事もないのに、電話をかけ合うようにもなった。

そんなころ、咲子さんの運輸会社が八トントラックを全部更新して、そのお披露目会に招待された。咲子さんは新品の薄い青のツナギ服で、長髪を粋なかんざしで留めていた。

「かんざし、粋に決まってますよ」

「和風シンデレラも、いいでしょ?」

「もちろん、いい女です」

「うふっ」

ふたりだけがわかり合える含み笑いだ。

ただ会場では、咲子さんの感情の起伏が荒いように思えて心配した。

新車お披露目会が終わると、咲子さんが誘ってきた。

「おいしいラーメン、食べに行きませんか」

「いいですね、行きましょう」

咲子さん運転の八トントラックで向かう。ラーメン店は海岸ぞいで、本当においしかった。

その帰り道、咲子さんはトラックを海岸の松林の中に駐車した。

しばらく沈黙が続いたあと、咲子さんが裏返ったような声で聞いてきた。

「相変わらず、女性を泣かせてるんですか」

「泣かすのはベッドの中だけですよ。女性の歓《よろこ》びのために奉仕しています」

「あなたはやさしい方ですね。もっと早くお会いしていたら……」

「なにか、あったんですか」

「……主人がフィリピンから帰国します。金の切れ目が縁の切れ目で、女に逃げられたようです」

「それは……」

「主人のご両親が、息子を許してくれと土下座しました。私の両親も、子供のために許してやれと」

「なるほど……」

「私の友人も、夫が落ちぶれたのなら、妻はやさしく迎えるべきだ、と言います」

「で、あなたはどうしたいのですか」

「子供のために許そうと思います。でも腹が立って、ばかにしないでと涙が出ました」

「あなたには残酷なことですね」

「ただ、許すかわりに……私も、好きなことをしてもいいですよね」

「もちろんです」

「シンデレラは、王子様と結ばれたいのです」

「えっ？」

咲子さんが運転席のうしろのカーテンを開けると、運転手用の仮眠席があった。

思ったより広く、内装は上品で毛布と敷布団があった。

「失礼します」

そう言うと、咲子さんは仮眠席に移って、窮屈な姿勢のまま靴とツナギ服を脱いだ。純白のスリップがあらわになり、仮眠席が妖しい雰囲気になった。

「え……え……？」

いきなりの展開に驚いた。

咲子さんは毛布の上にあおむけになって目を閉じ、両手を胸で組んだ。女性が、私の体を自由にしてくださいと、覚悟を決めた姿勢だ。

枕もとのティッシュペーパーが、猥雑《わいざつ》さを増幅させている。

私は昔からセックスのときは場所を選ばなかったが、さすがにこれは意外すぎた。

ただ、生来のスケベだから、股間がグワッと勃起した。

すぐに仮眠席に移ってカーテンを閉める。とたんに真っ暗になり、咲子さんが室内灯をつけてくれた。

背広とネクタイをはずし、咲子さんに添い寝して抱きよせる。咲子さんが体をビクッとさせた。

「……胸の中、あったかいです。やっぱり安心できます」

細身の体に体重をかけて唇を合わせた。人妻の唇は少し厚ぼったくて、お互いの唾液は温かかった。

スリップを脱がそうとしたとき、その真珠のような光沢に気がついた。男でも気づくほどの高級品である。

乳房のあたりをなで、サラッとした手触りに興奮した。

そのまま胸をなでていると、

「あっ、あのぅ……」

「はい？」

「恥ずかしいです。早く脱がしてください」

「あっ、はい」

スリップをそっと脱がすと、やはり絹の純白のブラジャーとショーツだ。

頭に血が逆流して顔がほてった。下着フェチではないが、女性の下着はやはり白でシンプルなのがよい。

両手をまわして、ブラジャーのホックと肩ひもをはずすと、

「あっ」

咲子さんは小さく叫んで、両手で乳房を隠した。

「隠さないでください」

「でも、恥ずかしいです。小さくて……」

「ん……？」

乳房を気にしているのが意外だった。乳房はまんじゅう形で八十三センチくらい。

確かに大きくはない。しかし、ツンッと突き出て、真っ白い健康な美乳だった。

「きれいなおっぱいです。シンデレラの宝物です」

「……嘘。でも、うれしいです」

「本当です」

私は両手でふたつのふくらみをそっと握った。

「あぁっ」

上半身がビクッと震えた。

乳房は少し張りが足りないが、やわらかいくてスベスベだ。痛くないように、宝物のようにクニュクニュと揉みつづけた。口を突き出して、小さな乳首をついばんだ。

「ううぅっ」

腰がクッと浮きあがって両手が震えた。

乳輪を舐めまわし、乳首を痛くないようにかむ。

「うっ」

予想外に大きな反応で、乳首がとくに感じるのかもしれない。

おっぱい大好き男の至福のときで、乳房全体を愛撫した。

ただ、いくら乳房好きでも、愛撫がしつっこいと女性はじれる。乳房から離れてショーツを見ると、陰毛のあたりが少し盛りあがっていた。

ワクワクしながら、そっとショーツの裾を持った。

「あっ……」

咲子さんが気づいて、お尻をそっと上げてくれた。ショーツを脱がすと寒いのか、咲子さんがブルッと震えた。そのショーツは薄すぎて重さがなく、手触りがまるでなかった。

私が改めてびっくりしていると、咲子さんがサッとショーツを取り戻した。

「だめ、見ないでください」

急いで布団の下に隠し、胸の上まで毛布を引きあげる。

セックス経験が豊富な人妻で一児の母なのに、まるで処女のような羞恥心だ。

ここで私も急いで真っ裸になった。勃起が天井を向いてビクンッと揺れた。

そっと毛布の下に潜りこむと、咲子さんの両手両足がからみついてきた。肌のぬくもりと乳房と陰毛の感触が私の全身に伝わってきた。私はいつも前戯をがんばることにしている。まず咲子さんの首とうなじに、ベチョッと唇をつけた。

「いぃぃっ」

咲子さんの腕に、ゾワッと鳥肌が立った。

「あっ、ごめん。気持ち悪かったの？」

「なにか、大きなナメクジみたいで……」

「もうしないから」

「いえ、いやじゃありません。ただ、ゾクッとしただけです」

「ほぅ……」

ナメクジが快感だとわかったから、もっと唾を増やして舐めてみた。

「いぃっ」

咲子さんの両手が震え、上体が少し反った。

「だめ。気持ちはいいんですが、今のは強すぎます」

慌ててやめて、ふたたび乳首を口に含んだ。コリコリの乳首は、やっぱり乳房好きの男にはたまらない感触だ。

そろそろ挿入したくなった。咲子さんの両脚をそっとM字に開脚してゆく。

「恥ずかしい……」

ほとんどの女性は、このM字開脚を恥じて嫌うが、男にはワクワクするポーズだ。

三十二歳の人妻の性器を真正面に見た。陰毛は逆三角形に手入れされていて、毛足が長く細い。

大陰唇は低く盛りあがり、小陰唇はゼラチンのような質感でひょろっとしていた。

私の女性を悦《よろこ》ばせる手順は、先に膣とクリトリスを舐めて、アクメに送ることだ。

膣は愛液でぬめっていたが、さらに唾液を落として舐めあげる。

「あぁっ」

両脚がピンッと伸びた。

憧れの膣はプヨプヨとやわらかいく、ベチョッという感触だ。

しかし、咲子さんが叫んだ。

「だめ。そこは汚くてだめです。やめてください。汚いです」

確かにお披露目会で忙しく動いていたので、汗と蒸れと小便の臭《にお》いが残っていた。

ただ、私は本当に膣舐めが大好きなのである。咲子さんの懇願を無視して舐めつづけた。

「あぁっ」

咲子さんの快感の上昇とともに、愛液の分泌量が増えた。そっと舐めたらホワッと温かくて、ほんの少しだけ塩味がした。

舌先をクリトリスに当てた。

「ひいぃっ」

甲高い悲鳴のようなあえぎ声をあげ、両手を強く握ってブルッと震える。

「いいっ、そこ、いいです」

女性の最高の性感帯でもだえ狂い、肝っ玉母さんのメスの部分が出た。

こうなるとうれしくなって、もっと悦ばせたくなる。

クリトリスは充血して大きくなり、舐めやすくなった。

「あぁっ、あぁっ、あっ」

あえぎ声が早く短くなった。当然、このまま天国に昇らせねばならない。舌がクリトリス全体に当たるように、リズミカルに舐める。

「あぁっ、あぁっ、あっ」

ますます天国に近づいて、両膝がピクピクと上下した。

上半身が揺れてあごが上がり、目を閉じて口が半開きになった。

私の唾と咲子さんの愛液で、膣の周囲はベチョベチョだ。快感で咲子さんの意識が半分飛び、天国が近い。

「いい、イクッ、イクッ、い……」

一瞬息が止まり、両足を突っ張らせ、腰をちょっと浮かせて、咲子さんは絶頂に達した。

「んんん……」

二秒ほど固まって動かず、小さな息を吐いて布団に落ちた。

右脇を下に体をまるめて、そのまま長い快感にひたる。

私は真っ白な肌を見つめながら、女性を天国に昇らせたことに満足した。ただ私の

股間はブスブスッと生煮えで、勃起したままである。

「……あっ、私……やだぁ、恥ずかしい」

ようやく咲子さんがわれに返った。思わず毛布を頭からかぶり、恐るおそる顔を出した。

「もう、すごかったです。なにがなんだか、いきなり頭が真っ白になって……」

甘えた嬌態《きょうたい》に私の我慢がぶち切れて、淫欲がグワッと股間に集中した。

毛布を剥いで両足を引きよせ、強引にM字開脚させる。緊張からか、咲子さんは目を閉じた。私は左手で勃起を握って、膣口を確かめて亀頭を当てた。

ただここでいつものように、コンドームを思い出した。もし人妻が不倫の妊娠をしたら、面倒なことになる。さらに、産みたいと言われたら、もう地獄だ。

しかし、賢い咲子さんがなにも言わないのは、今日は心配無用なのだろう。

ふたたび膣と亀頭を合わせ、ゴクッと唾を飲んで深呼吸。思いきって腰を強く突き出した。愛液のおかげか、スニュッと奥まで入った。

「あっ、あぁ……」

ただ、単純な悦びの声ではなさそうだったので、私はちょっと戸惑った。夫以外の

性器を突っこまれ、一瞬戸惑っておびえのようなものが垣間見えたのだ。

覚悟の上の不倫でも、やはり思わぬ悔悟など、複雑な気持ちが出てきたのか。

とはいえ、男としてはそんなことを気にせずに、好きにやるしかない。不倫妻の膣は温かくて、締めつけ感があって、水分たっぷりの感触だ。

このときの男は、コンドームなしのありがたさを実感する。しばらく亀頭と膣粘膜との接触感を楽しんでから、そっとピストンをはじめた。コンドームなしの直接摩擦で、私の腰がゾワゾワッとした。

「あっ、あっ、あっ」

短いあえぎ声が、ピストンに同調してあがった。勃起を押しこむと、アッとなって、引くと、小さくフッと息をした。そういえば、ここはトラックの仮眠席だった。だが体格のいい私がピストンしても、大型トラックはピクッとも揺れない。

これまでは、なんでトラックの仮眠席でと、いぶかっていたが、もうどうでもよくなっていた。というよりも、この狭い空間が、人妻のうしろ暗い不倫にふさわしいと思った。すると、急に射精感がせりあがってきたので焦った。

ふだんの私は早漏でもないし、もっと長く持続して余裕があった。ただどうしても、

はじめての女性とは早漏ぎみになってしまう。とくにシンデレラの咲子さんだから、興奮が射精感を早く高めたようだ。

女性が絶頂に達するより前の射精は、男として恥だ。肛門をギュッと締め、両足の指を内側に曲げてなんとか我慢した。

しかし射精感が絶望的に高まってきて、もう我慢できそうにない。全身に汗が噴き出て、心臓がバクバクになった。

「あっ、あっ、あっ」

咲子さんのあえぎ声も早く短くなってきた。天国が近いのは間違いない。私は内心で、早くイッてくれと念じながら、懸命にピストンをした。だが、我慢の限界もここまでの射精だ。

「出る、出る」

「え、出して、中に出してください」

これで安全日だということがわかったから安心した。亀頭の内側で熱い塊が爆発して、ドバッと射精した。

「ううっ」

大量の精液が狭い尿道口を突進して、ジーンッとした快感がきた。

「あ、あぁぁ」

咲子さんも膣奥への射精がわかったのか、必死にしがみついてくる。

互いに必死で抱き合い、低いうめき声をあげる。

しばらくして、呼吸と激情が鎮まったので体を離した。

女の天国へ導けなかったのが、男として情けなかった。

ただ咲子さんに心の満足感があったのか、静かに目を閉じて動かない。そこへ、かすかな精液のにおいがした。改めて狭い仮眠席だというのを思い出した。

慌てて枕もとのティッシュペーパーをゴソッと取って、そっと咲子さんの膣口に当てた。私の精液はいつも量が多いので一回では拭き取れず、ティッシュをかえる必要がある。たくさんあふれてくるとティッシュをかえて、精液が最後の一滴まで出きるのを待った。

私が後始末をしているのを、咲子さんが途中で気がついた。

「あっ、それは私が……」

起きあがろうとするのをやさしく押し返す。

すると咲子さんは、自分の膣口を拭いている私を不思議そうに見つめていた。処女で結婚した咲子さんにとって、精液を拭いてもらえるという体験は驚異だったのだろう。

夫とのセックスは前戯なしの挿入で、射精したら背中を向けて眠ったという。

さらに子供が生まれると夫婦生活も激減して、たまに夫の性欲を満足させるだけのセックスだったそうだ。

しかし私のセックスは、女性への奉仕であるとわかってくれたようである。

「いつも誰でも、こんなふうに悦ばせるんですか」

「ええ、もちろんです」

咲子さんは私の腕を枕にして、そっと抱き合ってキスを繰り返した。

狭く薄暗い空間なのが、妙な安心感と一体感につながった。

八トントラックはどっしりとしていて、外界からふたりを守ってくれていた。

安心感が湧くと、ふたりとも真っ裸だと改めて気がついた。

「やだぁ、もう恥ずかしいです」

咲子さんの声に、私は毛布をふたりの胸までかけた。

「あのぉ……」

「はい？」

「私のおっぱい、昔から小さくて……」

「気になるのですか」

「小さいと、男性は不満かと心配で」

ご主人が巨乳好きだったのか、それとも男はみんな巨乳好きと思いこんでいるのか。

「このおっぱいですか」

痛くないように、ぎゅっと握った。

「あっ、あぁ……」

乳房は温かくて汗がにじんでいた。指の爪先で乳首をやさしくひっかいてみる。

「いぃぃっ」

両脚がつっぱったように伸び、ギュッとしがみついてきた。

「これは私の宝物です。小さいなんて、二度と言わないでください」

「はい」

咲子さんは、自分の乳房を悦ぶ男にうれしそうだった。

ふたたび咲子さんへの淫欲が爆発した。邪魔な毛布を跳ねのけて、咲子さんの股間に頭をつっこんだ。

「えっ……」

驚いたようだが、すぐに全身の力を抜いて、愛撫の受け入れ態勢をとった。

今や私のものになった人妻の性器を、今度はよく観察しながら落ちついて愛撫してゆく。

両手で小陰唇を開くと、膣前庭は薄いピンクでネチャッと濡れていた。膣口はヘチャッと閉じていて、これから挿入する場所がわからないくらいだ。

また唾液たっぷりでクリトリスを舐めた。

「ああっ、あっ、あっ」

咲子さんの嬌声があがってもだえ、今度は早く絶頂に達した。そのあとは私の楽しみ。ワクワクしながら挿入した。コンドームなしにバンザイである。

膣壁と亀頭を十分に摩擦し合って、残っていた精液を全部、膣奥に噴出させた。

咲子さんは心も体も満足して、失神からさめても半分腰が抜けた状態だった。

ふたたび私が精液の後始末をするのを、咲子さんはじっと見つめていた。

帰りの車中、咲子さんは無口で、なにか思いつめていた。

途中で私が降りようとしたとき、咲子さんはしがみついて、延々とキスを続けた。

ふたりともほんわか気分で、幸福感に包まれていた。

ただし、このあとに激変がきた。そのあと、ご主人の高志さんが帰国して、運輸会社の社長に復帰。そして反省したのか、まじめに働いた。

咲子さんは貞淑な妻に戻り、私とは仕事以外の連絡を絶った。

別れの言葉も最後の晩餐《ばんさん》もないままだったが、私には八トントラックの仮眠席という、不思議で妙にみだらな思い出が残った。

春の嵐

神奈川県・派遣社員・五十一歳・男性

春だった。あとひと月で平成が終わり、新しい元号がやってくる。なんとなくまわりは浮き立っているように思えた。

でも、僕はただひとり、寂しかった。仕事はリストラされるし、けんかが絶えなくなった妻は、生後半年の娘を連れて、家を出ていった。

ほどなく家庭裁判所からの出頭命令が届いた。結婚生活は二年にも満たなかった。妻と暮らすために購入したマンションのローンだけが残った。

赤ん坊の泣き声がしなくなった部屋で、僕はすることもなく、スマートフォンの画面を無為に眺めているだけだ。

頭の中では「春なのに」という昔ヒットした柏原芳恵《かしわばらよしえ》の曲が再生されていた。

ある日、ほんの出来心から出会い系サイトをのぞいてみた。アダルト系、なかでもとくにSM方面に強いらしい。掲示板をのぞいていると、現実を忘れられた。

――ドMの私を飼ってください。

――あなたの性奴隷になります。

サクラとおぼしき投稿が並んでいるなかで、なぜか気になるメッセージがあった。

――緊縛に憧れる初心者です。

僕は元来、SMマニアだ。女性を麻縄で縛りあげてセックスすることに強い執着があった。別れた妻とセックスレスになって以来、縄を触っていなかった。欲求自体がなくなっていたと思っていたが、その投稿を見て、久しぶりに自分の性癖がうずいた。

迷わずメールを送った。

――経験豊富なS男性の縄を受けてみませんか。

数日後、その女性から返事がきた。彼女は僕のちょうど半分の年齢、二十五歳だった。期待していなかったから、うれしくて心が弾んだ。喜びを感じること自体が久しぶりだった。

そのメッセージには、緊縛への興味が高まって、講習会に通いはじめたことや、自

分でも縄を受けてみたい、という気持ちが丁寧な筆致で書かれていた。何度もやりとりを繰り返し、翌週に新宿《しんじゅく》で会うことになった。

その日は珍しく春の嵐だった。JRの改札を出ると、風と雨が強く吹きつけ、コートが必要なほど肌寒かった。僕は傘をさし、SM道具が入ったカートをゴロゴロと転がして、待ち合わせ場所に向かった。

紀伊國屋《きのくにや》書店の一階で待っていると、声をかけられた。

「メノウさんですか?」

仕事帰りなのか、パンツスーツにコートを着た細身の女性が僕に尋ねた。キャスケットの下の髪は少し明るい色をしていた。

「そうです。伊織《いおり》さん?」

お互いにハンドルネームしか知らなかった。彼女は年齢より大人びて見え、かわいらしい面立ちをしていた。

メールの文面から受けた印象そのままに誠実そうな第一印象だ。これから彼女を縛って抱く、そう考えただけで心拍数が上がり、胸が苦しくなった。

歌舞伎町《かぶきちよう》のラブホテルに入ると、伊織はすぐにシャワーを浴びた。部屋に響く水音

を聞きながら、麻縄や手ぬぐいといった道具をベッドに並べていった。このひととき
が最も興奮する。

バスルームからキュキュッとシャワーの栓を閉める音がした。ほどなく扉が開き、
体にタオルを巻いた娘が現れた。

長い髪を上でまとめ、白いうなじに張りついた水滴が艶めかしい。

脚がすらりと長く、胸は幼女のように真っ平らだった。ベッドに並べた道具を見て、

「わあ、これ全部使うんですか？」

「伊織ちゃんはどうしたい？」

質問に質問で返すと、彼女は急に黙りこんだ。その頬が赤く染まっていく。

「うしろを向け」

縄の束を手にして彼女の背後に立った。バスタオルをはぎ取り、最後に尋ねた。

「やめるなら、今しかないぞ。一度縄を知ったら、戻ってこられなくなる」

「それでもいいです。ずっと憧れでした」

細い手首を背中にねじりあげる。

「んっ……」

彼女はビクンと体を震わせた。この日のために新調した麻縄を彼女の手首に巻きつけていく。緊張している。手首に二重に縄をかけ、巴結《ともえむす》びにすると縄尻を二の腕にまわしていく。

さらに控えめな乳房の上下を縄で挟みこむように縛り終わると、彼女を洗面台の鏡の前に立たせた。

「すっごく、きれい……胸に谷間ができてる」

縄がかかった体を鏡に近づけたり、背中側を見ようと、体をよじったりしている。そのたびに長い黒髪が揺れ、シャンプーの香りがふわりとひろがった。甘い匂いに、僕のペニスはいっそうカチコチになった。

手首の縄を抜こうとしたり、上体をひねって拘束感を確かめていても、縄はゆるまなかった。自力で縄を解《ほど》くことは不可能だった。

僕は耳もとでそっとささやいた。

「どんな気分だ？」

表情をうかがうために顔をよせると、恥ずかしいのか、反対側を向いてしまう。

彼女の体の前にまわり、この日はじめて美しくもはかない緊縛姿をまじまじと見た。

唇を閉じてうつむいたままだが、硬直した乳首は気持ちいいことを物語っていた。

全身を拘束されたい——というのが彼女の希望だった。

ベッドに横にして細い足首から太ももまで、きれいに縄目をそろえて丁寧に拘束していく。伊織は芋虫にでもなったようにモゾモゾとうごめいた。

そのたびに麻縄がギシギシ音を立てて、僕の加虐心にますます火をつける。

「ハァ……ハァ……」

彼女は明らかに興奮して息を荒くしていた。

「うるさいぞ」

僕は手ぬぐいを取り出し、真ん中にこぶをつくってそれを口にかませた。

「あぁんっ」

真っ赤な唇が手ぬぐいに割られてエロチックだった。僕はその唇に自分の唇を重ねた。すると、手ぬぐいの隙間から舌を出し、ディープキスを求めてくるではないか。

僕は彼女と舌をからめようとするが、涎《よだれ》でぐっしょりと湿った手ぬぐいが邪魔をする。それもまた変質的なキスでゾクゾクと加虐心が背中にはいあがってくるのを感じた。

縄のかかった体を抱きしめると、体内が沸騰しているように熱かった。僕は着ていたシャツを脱ぎ、上半身裸になった。汗ばんだ肌と肌を合わせると、彼女の被虐への憧れや思いが直《じか》に伝わるようだった。

彼女がいとおしかった。耳もとで彼女にささやいた。

「すっごくエッチじゃないか」

眉間にしわをよせた表情は苦しさからだけではなく、貪欲に快楽をむさぼっているからだろう。その姿に僕は胸の奥がせつなさで締めつけられた。

自分の年齢のちょうど半分の彼女に恋情など抱いてはいけない。あくまで一夜限りの遊びなんだ、僕はそう言い聞かせた。

縄にからめとられた彼女は、言いつくせないほど被虐の空気をまとい、僕の心の底のよどんだ黒い欲望をグツグツと煮え立たせる。堕《お》ちていく彼女を見ているのが楽しかった。

彼女を見ていて、同じ立場に身を置いてみたいという考えが脳裏に一瞬浮かんだ。これまで何人もの女性を縛ってきて、そう感じたのははじめてだった。

縄をかけてから三十分が経過していた。そろそろ解かないといけないな、と伊織の

手を握る。血流が滞っていないか確かめると、僕の手を伊織はぎゅっと握り返してきた。十分に温かかった。でも、むちゃは禁物だ。僕は彼女の縄を解きにかかった。そのときに、彼女は首を振ってイヤイヤをした。

僕の縛りにそれほど酔ってもらえるとは……。

ふがいなくも、瞳に熱いものがこみあげた。リストラされ、女房にも逃げられた自分を欲してくれる人がいるというその事実が、暗闇の心に小さな灯をともらせた。

ホテル備えつけのコーヒーを淹《い》れて休憩した。

「伊織ちゃんの感じている姿を見ていたら、なぜかうらやましいって思ったんだ」

「へえ、そうなの？」

「あんなふうに縛られて支配されたらゾクゾクきちゃいそうだよ、なんてね」

「うふふ」

彼女は興味津々という体で僕の話を聞いていたけれど、僕は少し恥ずかしくなった。

「そんなことはいいから、続きしよう」

そう言って話を打ち切った。

僕がふたたび縄を持つと、伊織の顔から笑みが消えた。

「今度はどうしようか？」

粘っこい視線で伊織を捕らえる。彼女はあえぐように吐き出した。

「縛られたまま……してみたいです」

「きつくなるぞ？」

コクリとうなずいた。

一縛目と同じように後手に縛るが、今度は背中のより高い位置で腕を交差させる。胸の上下を縛るのも同じだが、段違いに拘束感が高まる。

「苦しいよな」

彼女の目はすでに蕩《とろ》けていた。縄に入っている証拠だ。

縛り直しが始まった。脚をあぐらの姿勢に組ませてから、足首を縛る。あまった縄尻は首の横から背中を通し、再度反対の首から足首に戻す。その縄尻をギュッと引きしぼる。

「んんっ」

伊織は湿った吐息を漏らした。背中がまるくなって顔は足首に届きそうなほどだ。

エビ責めという縛りだ。

数ある縛り方のなかでも、拘束感は随一だ。もはや手も足も出ないし、一センチたりとも自力で移動できない。縄で胸が絞り出されて、被虐的な美しさを放っている。

僕はその胸を背中側からまさぐった。こんもりと盛りあがった乳輪の真ん中の乳首は、コリッコリにしこっていた。軽く指ではじけば、悲鳴のようなあえぎが漏れた。

「あっ」

僕が声を出したのは、愛液がシーツをしとどに濡らしていたからだ。

「いったい、これはなんだ？」

「…………」

「自分のしたことがわからないのか？」

「ごめんなさい」

僕が言葉で責めるたびに、いとしい白濁液がしみ出してくるから、楽しくてたまらなかった。

「こんなに濡らして」

僕は彼女の肩を押した。

ゴロンと達磨《だるま》のように彼女の体は転がり、秘所が上を向いた。ピンク色の割れ目か

らは白濁した愛液があふれ、脚のつけ根まで濡らしていた。

「ほう……点検するぞ？」

陰唇は部屋の照明に照らされ、テラテラとぬめっていた。まるで僕を誘っているみたいだった。さらに包皮をひろげると、ちょこんと桃色の萌芽《ほうが》が顔をのぞかせた。

僕は舌を使い、一滴も残さないように、しみ出してくる岩清水をすくい、喉の奥に流しこんだ。彼女の体から分泌されたものだと思うと、いとおしくてたまらない。

股間では集まった血流が「早く出せ」と騒いでいた。僕はもう我慢できなかった。ズボンを脱いで、下着をおろした。

「挿《い》れるぞ？」

彼女の目がうなずいた。背中にまわした手首に体重がかからないように、枕を背中にあてがい、準備を整えた。

せめてもの心遣いだ。ペニスを手で支え、狙いを割れ目に定めると、僕はゆっくりと腰を落とした。

ヌプッ、ヌプヌプヌプ……。

僕の肉竿は十分に潤った伊織の中を進んでいき、根元まで完全に収まった。

しばらくぶりの交接に浸りたかったから、僕はしばしそのままでいた。だが、その考えは許されなかった。膣壁が収縮をはじめたからだ。

ギュギュッ、ギュギュッ……。

「んんっ」

膣壁がペニス全体を強烈な圧で締めつけたかと思うと、すっと弱まる。そして、また締めつける。収縮が三度繰り返されたとき、僕は敗北を予感した。下半身にたまった白いマグマは出口を求めて騒いでいた。

「今日は、ダメかもしれな……ううぁっ」

間歇的《かんけつ》に押しよせる快感のうごめきにあらがえず、ものの一分足らずで果ててしまった。

「ごめんな、すぐイッちゃって」

縄を解きながら彼女に謝った。S男を気取って言葉責めをしておきながら、先に果ててしまった自分が恥ずかしくてたまらなかった。情けなかった。

「ううん、いいの。みんなそうだから」

「えっ……」

彼女のその返事にも驚いてしまった。

僕は勝手に彼女のことを、自分の女のように思いはじめていたのだ。彼女は誰の所有物でもなかった。

ホテルから出て、僕たちはファミレスで遅い夕食を取った。これまでの経験談を話したりした。やはり、彼女は経験豊かだった。僕は自分のことを棚に上げて、少しガッカリした。

別れぎわ、彼女がぽつりとつぶやいた。

「縛られることが癖になっちゃったらどうしよう」

「そうなったら責任取らなきゃな」

それから二週間後、伊織からメールがきた。

――また縛ってくれませんか?

僕はすぐに返事ができなかった。彼女と会わなかった間、ほかの男に抱かれたり、縛られているのではないかと邪推していた。

本格的に好きになってしまう前に、距離を置いたほうがよいのではないか、そう思ったのだ。その三日後、またも彼女からメールがきた。

――返事だけでもください。

――もう会うのはよしたほうがいいと思う。

――なんでですか。私のことが嫌いになったんですか？

――嫌いになんてなっていない。

――それなら会ってください。責任取るって言ったじゃないですか。

この言葉はナイフのように僕の心に刺さった。

――あれから、出会い系のセフレはすべて連絡先を消しました。

そこまで考えていてくれたのか、それならば彼女の期待に応えなければならなかった。すぐに返事を送った。

――きみに会いたい。

その次の週末、僕のマンションに彼女を誘った。

「奥さんは本当に帰ってこないの？」

「うん、それはない」

裁判所からの書類を見せる。

「でも、広い部屋にひとりじゃ寂しくない？」

彼女は空っぽの部屋を見て言った。

「慣れつつある」

「いいなあ、私の部屋、ワンルームだから」

なら、越してくれれば……という言葉をのみこんで、彼女をベッドに誘った。

今日は水色の上下おそろいの下着をつけていた。その下着の上から僕は縄をかけた。

基本の後手縛りを終えると、不自由な腕のまま、僕にあおむけになるように言った。

彼女の意図を理解して、僕はジーンズごと下着を脱いだ。ペニスは硬くそそり立って、天井を向いていた。彼女は僕の股間にまたがった。

あっという間に終わった前回と同じ失敗をしたくなかった僕は、あまり動かないようにしていた。しかし、心配は杞憂《きゆう》だった。ありあまる若い力を発散するように、とてつもない腰の振りを見せた彼女は、

「あっ……あぁぁ」

と絶叫して、すぐに果ててしまったからだ。僕が楽しむ時間もなかった。これでおあいこだ。

「ひとりでイッてごめんね」

ぐったりとベッドに横たわっていた彼女が、起きあがって謝った。

「おわびに……ねえ、うしろを向いて」

「えっ、なに?」

「いいから、うしろ……」

なにごとだろう、と訝《いぶか》しむ僕の背後で縄をしごく音が聞こえてきた。

もしや……。

「痛くしないからね」

彼女は背後から僕の両手首をつかむと、背中で交差させた。

「えっ」

「縛られてみたいって、言ってたでしょう? だから、縛ってあげる」

確かにそう口にしたこともあったが、戸惑いを隠せなかった。僕は縛る側の人間であって、縛られる側ではない。

そんな僕のプライドは彼女の前で揺れ動いた。でも、心臓を打つスピードは加速するばかりだった。

手首にかかった縄は二の腕から前にわたされ、反対の腕から背中にかかる。縄が引

き絞られると、腕が高く上がった。もうダメだった。

「ああっ」

声を漏らしてしまった。

「かわいい声だね」

縄をもった伊織は、容赦なく責めた。

「もっと声を出したっていいんだよ。自分の気持ちに正直になってごらん」

あまりの恥ずかしさに、彼女の顔を正視できなかった。今の僕は、はじめて女の子の気持ちが理解できた。

なおも彼女は縄を僕の体に走らせ、本当に上半身を拘束されてしまった。縄をはじめたばかりというのに、なんという鮮やかな腕だろう。厳しい縄なのに、決して痛くない。

「ほら、足もこうしてっ」

あぐらを組まされた。

「私にしたのと同じことしてあげるね」

足首に縄をかけられると、縄尻を首の横から背中に通され、反対側の首から引き戻

される。頭の位置が低くなる。

「もっとだよ」

背中を押され、さらに前にかがませられたところで縄が留められた。

「すっごい」

僕はあぐら縛りにされてしまった。拘束感がすさまじい。

自分がこれまで数々の女性にかけたお気に入りの縛りを、今は僕が受けている。体は一ミリたりとも動かせなかった。

その甘美な敗北に頭が真っ白になるほど興奮していた。

「下着に染みがついてるよ……こんなに濡らしちゃって、もう」

「…………」

伊織は僕の顎をつかんで上に向けさせた。

「どうしたの。しゃべれなくなっちゃった？」

彼女は自分が身につけている下着を自らはぎ取った。愛液にまみれてベトベトになっているやつだ。

それをクルッとまるめたと思いきや、僕の口に無理やり押しこんだ。

「んっ」

さらに、傍らにあった手ぬぐいをつかんで、こぶを作るや僕の口に蓋をした。後頭部でぎゅっと結ばれて、僕は口の中のパンティーを吐き出せなくなった。

「うーん、もっとかわいくなったね」

彼女は満足げな表情を浮かべている。

想像をはるかに超えた辱めに鼓動が激しくなり、心臓が皮膚を突き破って飛び出しそうだった。少しでも動こうものなら、縄はぎしぎしと体を締めつける。

パンティーから染み出した愛液が唾液で溶け出し、淫臭が口の中いっぱいにひろがった。かつて味わったことのない快感と羞恥に、頭がパンク寸前だった。

「あぅっ、はうっ……」

あまりの恍惚《こうこつ》に、おかしな声が漏れてしまう。Sの仮面を剝ぎ取られた僕に許されているのは、ただ快楽の渦の中心であえぐことだけだった。

「ゴロンしようね」

彼女が僕の肩を押した。

「んっ」

僕の体は達磨のようにベッドに転がった。文字どおりに手も足もでない、なんともみっともない姿になった。股間はおろか、尻の穴までが天井を向いた。

「まあ、こんなに硬くして」

伊織はペニスを握ると、しごきはじめた。

「恥ずかしい格好だね。かわいいなあ」

確かに三十年も緊縛師の端くれとして数々の女性を手にかけてきた男が、縄をかけられて言葉なぶりに酔っている姿はサマにならない。

だが、心の奥底では歓喜に震える自分がいるのだ。その事実から目をそらしたかったけれど、口を開くのは湿ったもだえ声だった。それも自分の……。

「すっごいねえ。硬いねえ」

「んんっ、ううッ」

僕はただの射精人形として、伊織に弄ばれるだけだった。伊織は握ったペニスを決して放さない。

「んぐっ、イグッ、イグゥ……」

「ほうら、イッていいのよ」

「んああああっ」

僕は悲鳴のような声を出して、果ててしまった。

その快感は人生でもっとも強烈なものだった。僕が最後まですがっていたプライドのすべてが崩れ去った。

「春なのに」ではなくて「春だから」と、今は素直に思える。

春の嵐は僕の心から嘘や虚栄を引きはがして去った。あとに残ったのは嘘偽りのない素直な願望だった。

僕の新たなSM人生は第二章に入り、まだ二年目を迎えたばかりだ。

「今日は縛ってくれるの？」

僕は今日も彼女に縄をおねだりしてしまう。

隣の婦人の性教育

――大阪府・無職・七十七歳・男性

生まれたときから、僕は母親を知らない。祖母に育てられ、高校までは小さな島で育った。彼女も作らず勉学に励み、大阪の大学へ入り、仕事場も同市内の大手企業に就職。二年が過ぎ、二十三歳になっていた。

当時の住まいは、駅から五分ほどの二階建ての十世帯の古いアパート。洗面所とトイレが共同の六畳一間だった。室内には小さなキッチンがあり、僕の部屋の両隣は学生と四十歳代と思える婦人が暮らしていた。

お互いに顔が合ったときに会釈するくらいで、まともに会話をしたことはなかった。

九月のある朝、出勤のために部屋を出ると、隣の婦人と鉢合わせになった。お互い遠慮がちに肩を並べながら駅までいっしょに向かった。

偶然にも彼女の職場は、僕の会社のすぐ近くだった。名前は明子《あきこ》さんといい、アパートにはお互いに表札をかけていなかったので、自己紹介というかたちでわかった。降車駅までの二駅の通勤電車に乗りこむと、超満員のすし詰め状態。自然と体が密着し、抱き合うような格好になった。

僕の身長は一七〇センチ。頭ひとつぶん低い彼女の豊満な胸がへその上部あたりに押しつけられ、僕の下半身はムクムクと反応しだした。

明子さんは、好みのタイプの女性だった。僕は二十三年間、一度も女性とエッチどころかオナニーすらしたことがない童貞だったので、下半身のうずきは恥ずかしくて堪えがたい状態だった。

彼女に気づかれないように腰を引いた格好で立っていた。でもその一方で、今の至福の時間が永遠に続けば……と思う気持ちもあった。

電車の揺れに合わせて感じる胸のふくらみに、今にも手が伸びて揉みほぐしたい衝動にかられたが、必死でがまんした。

降車駅のホームに着くなり、客がいっせいに降りて明子さんとあいさつを交わす間もなく別れてしまった。

それから二日後の土曜日。夜十時前頃に私の部屋を遠慮がちにノックする音がした。出てみたら、なんと明子さんだった。

「今日、友だちと飲み会があったので……」

小声で照れ臭そうに、持参したたこ焼きをどうぞと差し出した。

僕はあまりのうれしさに、

「よかったら、上がっていっしょにどうですか？」

と、声をかけ、お礼を述べた。断られるかも……と思ったが、明子さんは、

「じゃ、あとでおじゃまします」

一度部屋に戻り、十分ほど過ぎたころに、なんとパジャマ姿で現れた。

ビックリ仰天……。

手には缶ビールが二本、握られていた。

「あ、驚かせてごめんなさい。帰ってすぐ寝れるようにこんな格好で来ちゃった」

「いえ……」

興奮とうれしさが入り交じって、そう言うのが精いっぱいだった。

明子さんは意外としゃべる人で、話す内容もおもしろかった。時計はすでに零時を

まわっていた。

僕の部屋は小さなテーブルとテレビ、扇風機、冷蔵庫があるだけ。万年床は昔からいやなので、布団は押し入れにしまってあった。

「トミ君は、明日は休み？」

「はい、休みです」

「じゃ、今から私の部屋で飲もうよ」

先日、はじめて会話をしただけなのに、明子さんは気さくに誘ってくれたので、私もふたつ返事でオーケーした。

明子さんの部屋は、テレビや冷蔵庫のほかに、テーブルとピンク系のカーテンにマッチしたすてきなベッドがあった。

テーブルをはさんで明子さんと向かい合わせに座ったが、少し緊張したせいか、正座で座った。

「足を伸ばして、ゆっくりして……」

そう言いながら、ツマミとビールを出してくれた。

「毎日、飲まれるんですか？」

「そうだね。仕事から帰って風呂あがりに飲むのが毎日の楽しみなの。あなたは？」

「僕は部屋ではあまり飲まないです。でも、今日は最高においしくいただいてます」

「ありがとう。いつもひとりで飲んでるからつまらなくて、すぐに眠くなって寝てしまうの……」

話が弾んだ。

明子さんによると、結婚をしたのは二十歳。三十歳のときに主人を事故で亡くし、それからはずっと独身。三歳違いの弟がいて、アパートには僕より一年ほど早く入居していた。現在は北区《きたく》内の市場で働いているという。

夜中の二時前になっていた。そのとき、僕が伸ばした足と明子さんが伸ばした足が、お互いに挟む状態になった。テーブルもそんなに大きくはなく、ふたりの顔の距離はすごく近くにあった。僕は急にいたずらをしたくなった。

「肌がすごくきれいですねぇ……肌もツヤツヤして」

と言いながら、テーブルの中の足を少し、明子さんの股間に当たるくらいまで伸ばした。そして、思いきって彼女の頰を手の甲で擦《こす》った。

「そんなことないわ。もう四十も過ぎたオバチャンだから……」

そう謙遜しながら、僕の手をギュッと握り返してきた。僕もその手を握り返しながら、伸ばした足に少し力をこめて、明子さんの股間に押しつけてみた。

彼女はなにも言わずに、僕の行動を許してくれていた。愚息がカチカチにいきり勃《た》っていた。

明子さんの反応が見たくて、握っていた手を引っこめるふりをして、コップに少しだけ残っていたビールを自分の股間めがけて引っくり返した。

「まぁ、たいへん」

明子さんはタオルを取りにいって、僕の前にひざまずき、タオルを当てて拭き出した。

「あら。ズボン、脱がなきゃだめだわ。早く脱いで」

言われるまま、ベルトをゆるめて、チャックを下した。

彼女はズボンを脱がせてくれた。

下着一枚の愚息はカチカチにそそり勃っている。自分がしかけたこととはいえ、恥ずかしさでいっぱいだった。

「中は大丈夫？　濡れてないの？」

明子さんは、僕の突起物をまるで意識していないかのように、パンツの上から手を

添えて、ポンポンとたたいて確かめるしぐさをした。

「ええ。なに、コレ。硬いモノがあるけど……」

僕の顔を見あげ、ニコッと笑みを浮かべ、そのまま濡れたところを擦ってくれた。もう爆発寸前である。生まれてはじめて女性に、下着越しとはいえ、肉棒を触られたのである。先走り液が出ていた。

「パンツも濡れているよ。脱ぎなさい」

言うが早いか、明子さんはパンツに手をかけ、下にずり下げた。が、肉棒がいきり勃っているので、引っかかってしまって一回では下ろせない。

「まぁ、たいへん。元気なムスコさんだこと」

と言って、足下から取ってくれた。スッポンポンの下半身むき出しのまま、明子さんの前に立っている。僕はこのあとどうすればいいかわからずに立っていると、

「何年ぶりかしら、こんな元気な坊やを見るのは……ちょっと触っていい？」

明子さんは肉棒を軽く握りながら、二回三回と上下に擦り出した。あまりの気持ちよさに、頭がヘンになった。

「なんか出そう……うっうっ」

僕は慌てて肉棒の先に手を当てた。水鉄砲がはじけ飛ぶように、白いノリがドッピュン、ドッピュンと明子さんの手のひらに飛び散った。

「まぁ、いっぱい出して……もしかして、はじめて？」

「はい、生まれてはじめてです。こんなに気持ちいいなんて……」

僕はティッシュで彼女の手の中の精液を拭き取り、そのあとで肉棒も拭き取ろうとした。すると、

「私がきれいにしてあげる」

と言って、なんといきなり肉棒を口にくわえて、根元から先のほうまで舐め出した。さらにカリ首のあたりを舌でチョロチョロと舐めてくれたので、またヘンな気持ちになってきた。あまりの気持ちよさにじっとしておれず、明子さんの頭に手を添えて、自分のほうへ引きよせた。

さっき出したばかりなのに、愚息は硬くなり、また出したくなってきた。それを明子さんに伝えると、下から僕の顔を見あげ、

「出していいわよ。このまま、おもいっきり出しなさい」

そして、口に肉棒をまた含んだ。

「出るぅ、あぁ」

なんのためらいもなく、おもいっきり彼女の口の中に射精した。一回目に劣らぬ大量の白濁液。明子さんはなんと、それをそのまま飲みこんだのだ。

僕はそんな明子さんを立たせて強く抱きしめた。

「ありがとう、明子さん。すべて、はじめてのことで……」

「いいの、私もはじめて会ったときから弟のような感じがあったの。こちらこそ、こんな変な女と思われて……」

「そんなことないです。これまで女の人と接したこともなかったし、うれしかったです」

明子さんを強く抱きしめてディープキスをした。そのとき、ブラジャーをしていないのがわかった。

僕は左手で彼女の腰を引きよせながら、そっと右手で彼女の左胸に触れてみた。

大きい、やわらかいい。

僕は夢中で揉んだ。

「あぁっ、うぅん」

僕の首にまわした彼女の手にも力が入り、キスをせがんだ。肉棒がまたまた反応し

だした。

僕は近くにあるベッドへ明子さんを押し倒し、彼女の上にのしかかり、ふたたびキスをしながら両手で乳房を揉んだ。

首にまわした彼女の手にも力が入っているのがわかる。僕はパジャマをまくりあげた。大きな乳房が飛び出した。パジャマの上衣《うわぎ》がボタン止めになっているのに気づき、全部はずして上衣を取った。

「あぁ、恥ずかしい。こんなバアサンでいいの？」

僕はパジャマのズボンに手をかけ、一気に脱がした。今、明子さんは下着一枚で僕の前に横たわっている。

「トミ君、横になって」

「今日がはじめてでしょ。私が教えてあげる」

そう言って、僕をあお向けにして、明子さんは股間に座り、肉棒を片手に取った。

そして唾を出しながら、勃起したペニスを口に含み、張り出したエラに舌をからませながら、チュパチュパと吸いついた。

「明子さんのも見たい。見せて」

お願いすると、自分からパンティーを脱いで、僕の顔の上にまたがった。はじめて見た女性器は、膣口が赤みを帯びて、奇妙な花のようだった。

たけだけしい陰毛からはみ出した肉の花弁は、ねじれるようにひろがり、ぬめり汁が滴り、特有のマン臭を放っている。手で恐るおそる女陰に触れてみた。

「あぁ、ひぃ、うん」

「そこ、そこを舐めてぇ。舌でころがしてぇ」

明子さんの希望どおりに舌を押しつけて舐めまわした。どうすれば相手が気持ちがいいかもわからず、必死で吸いついたり、舐めたり、コロコロと舌でころがした。

「はぁはぁ、いぃ、イクぅ」

シックスナインの状態で肉棒をくわえていた明子さんは、口を放して悩ましい声を漏らす。

「はぁはぁはぁ……」

と言いながら、片手で私の肉棒はきっちり握っている。そうするうちに明子さんは、体勢を正常に戻し、

「トミ君、お願い。私のここも舐めて。女の人はここを舐められたらすごく喜ぶの」

そう言い、両手で女陰をひろげて、硬化した突起物を指さした。

言われたとおり、揺れるビラビラの上に鎮座する突起物をめがけて舌先をとがらせてなぞった。充血したように硬化したクリトリスが舌に心地よく当たり、夢中でペロペロと舐めた。

「うっ、だめ……イク、イクっ、イッちゃう……ぅうう」

明子さんは大きなうめき声をあげて身もだえた。そして、僕の頭を両足で挟みつけながら、ぐったりとなった。

明子さんのすぅすぅという寝息が聞こえてきた。よほど疲れていたのか、酒のせいかはわからないが、とても気持ちよさそうだった。

僕もそのまま明子さんの横で寝入ってしまったらしく、気がついたら布団がかけられていた。

明子さんは、キッチンでなにやらコトコトと作業をしている。その音を聞きながら僕は、わざと寝たふりをした。

薄目を開けて、明子さんの動作を見ていたら、こちらに来るのがわかって、慌てて目を閉じた。すると、なんと軽くチューをしたあと、耳もとへ口を近づけ、

「おはよう。ご飯できたよ」

と、体を揺すった。

「おはようございます」

と、返事をしたが、僕はスッポンポンだった。

明子さんは僕の乳首を擦りながら、

「私もよく眠れたわ。ありがとうね。ズボンもパンツも乾いているわよ」

なおも明子さんの手は伸びて、ついにカチカチの肉棒を握った。

「坊や、おはよう。朝から元気だね」

と言いながら、勃起したカリの部分にチューをしてくれた。

「みそ汁が冷めるから、先に食べて」

僕はパンツをはいて、食卓に座った。みそ汁、ご飯、卵焼きに納豆が用意されていた。懐かしい家庭の味がした。

明子さんは、自分の母親くらいの年齢なのに、なぜかかわいらしく思える。ふたりでこうして食事をしていると、夫婦のような会話になった。

「今日はどうする。部屋に帰る？　休みだったら、このままいたらいいわよ」

正直、僕はずっといたかっただけに、内心やったぁ、とガッツポーズ状態だった。もっと明子さんを知りたいし、セックスもしたかった。それになにより、肉棒を明子さんのなかに挿入したらどんなに気持ちいいのだろうか、とおもうだけで興奮した。でも、もしかしたら断られるんじゃないだろうか、という不安がないでもなかった。

「今日は明子さんとずっといっしょにいたい」

そう言葉を発し、一度部屋にへ帰って出直すことにした。

部屋に帰ったら、テレビがつけっぱなしだった。トイレを済ませてから、明子さんの部屋に向かった。そのときすでに肉棒は勃起していた。彼女の部屋に戻ると、テーブルの上は片づけて、コーヒーが準備されていた。

「トミ君が今までに女性を知らなかったことが驚きだわ」

「全然チャンスもなかったし、女の人に話かけるのもこわかったので……」

「私の弟は高一のときに、すでに童貞を卒業していたわよ。姉の前で自慢げに話しているから、叱ったわ」

「僕は、学生時代はあまり女性には関心がなくて……でも、社会人になった今は、すごく興味があります」

「トミ君はどんなタイプが好みの女性?」

「明子さんのようなボインな人が好きです」

「まぁ、上手を言って」

僕は少し残ってる最後のコーヒーを飲みほして、立ちあがって明子さんのうしろへまわった。

「マッサージをしてあげるよ」

僕は首から肩にかけて揉みほぐした。

「毎日が立ち仕事だから、足腰が凝るの」

「じゃ、足を揉んであげるから、ベッドへ行こうよ」

作戦がまんまと当たった。

明子さんはベッドにうつぶせになった。僕は彼女にまたがり、肩から腰、お尻へと揉み進んで、パジャマのズボンのゴムに手を添えて、足下へ下げた。

明子さんは脱がせやすいように腰を上げた。パンティー一枚だけの明子さんの両足を、太ももから足下へとマッサージを施した。

何回か揉んでるうちに、右手で股間のパンティーをずらして、指先を陰唇へ進めた。

「あっ……うぅ……」

明子さんがあえぎ声を出しはじめた。パンティーをはぎとろうとしたとき、明子さんは下着を脱ぐと同時に、自分からあお向けになった。

目の前には、黒々とした陰毛がある。その草むらを押し分けて、生臭くぬめっとした花芯に二本の指を侵入させた。さらに指を伸ばして、クリトリスの包皮をこねた。

「あっ、そこ、あん……いいわ」

腰を波打たせながら、喜悦の声を漏らした。僕は調子に乗って、二本の指を子宮口めがけて差しこんだ。

明子さんは腰を浮かせるようにして、足をおもいっきり突っ張っている。

「あぁ、いぃ、イクぅ、あぁ、もう、だめぇ……」

明子さんは急に動かなくなった。ピクリと動かす息だけが、はぁはぁと聞こえてくる。膣襞から引き抜いた指には愛液がベットリと付着し、テカテカに光っている。

僕はそっと明子さんの横に移動して、彼女をうしろ向きにして抱いた。濡れる手で、うしろから乳房を揉みしだいた。弾力があるボインだ。

乳首もコロコロと揉んだ。僕の肉棒はコチコチで、明子さんの尻に当たっている。

僕は肉洞に入れたい気持ちが先走りして、お尻を肉棒で突き、合図を送った。何度もそれを繰り返した。

膣口はもっと下のほうなのか……。

僕は体を下のほうへずらした。すると、肉棒の先が足のつけ根のほうに当たりだした。亀頭が両足の間に入る感触にあった。何回か突いていると、亀頭に少し湿り気を感じたような気がしたが、うまくいかない。

その体勢をあきらめて、明子さんをあお向けにして、正常位で挿入しようと試みた。

勇んで、膣口をめがけて肉棒を何度も突き入れた。が、またしても入らない。すると明子さんが、

「ここがそうなのよ」

そう言って、肉棒に手を添えて、膣口に導いてくれた。

「入ったぁ」

膣内がすごく熱い。肉棒がとろけそうだった。二、三回、抜き差ししただけでもう限界がきた。

「あぁ、もうダメです。出る、出る、出ますゥ」

「いいのよ。そのまま中に出してぇ」

　僕は思いきり肉棒を奥へと突き入れた。先っちょがなにかに当たったような気がする。その瞬間、マグマが拭き出し、ありったけの白濁した液が、膣襞に飛び散った。

　そのとき、明子さんの膣口の締めつけがきつく、肉棒がちぎれそうに感じた。

「あぁっ、あぁっ、私もイクぅっ、イッちゃう！」

　明子さんの体が伸びあがり、反り返る。

「はぁ、はぁ、はぁ……」

　あえぎ声がやむと、官能の極致に達したのか、ぐったりとした。僕の顔から滴り落ちた汗が、彼女の巨乳を滑る。

　僕が女性とはじめて性交を経験し、童貞を卒業した瞬間である。

「はじめての経験が、こんなオバチャンでごめんね」

「いや、僕のほうこそありがとう。やっと男になれた感じです。なにもわからなくてごめんなさい」

「よかった、喜んでくれて。今日はゆっくりしてね。あとで夕食を作るから、食べて帰ってね」

僕たちはベッドの中で互いに全裸のままに手を取り合って休んだ。ときどきは向かい合わせになったり、乳房を触ったり、お尻をなでたり……。

「トミ君はこれからいろんな女性とつき合うと思うけど、とにかくやさしさが大切だからね。決して女がいやがることはしないでね」

僕に教え諭すかのように明子さんは言った。僕はまだまだいろいろと知りたかった。

「明子さん、女の人は、どこを触るといちばん喜ぶの？」

「人によって違うと思うけど、私はクリトリスを舐められるのがいちばん感じるわ」

「じゃ、舐めてあげるね」

僕は明子さんの両足を思いきり開いて、股間に顔を埋《うず》めた。そして舌でペロペロ、グチュグチュと音を立てながら、むしゃぶりついた。

「あぁ、だめ、イクぅ」

さきほど果てたばかりの明子さんは、また絶頂に達したかのようにあえいだ。花芯からは、愛液がコンコンと湧き出ている。よほど気持ちがいいのだろう。

こうして全裸で乳くり合いながら昼すぎまで過ごした。

「買い物へ行ってくるから、テレビでも見てて」

明子さんが立ちあがり、パンティーを手に取ってはいたとき、窓から差しこむ陽光に照らされて、陰毛が黒光りしているのがすごくエロく感じた。

ふたりの関係は、そのあと週一回のペースで続いた。僕はほかに彼女を作る気もなく、今のままで幸せだと思った。

だが、明子さんの母親に大病が見つかり、母親の看病のために田舎へ帰ることになって、二年近く続いた関係も終了した。

僕に最高の青春時代を作ってくれた明子さんには、心から感謝を申しあげたい。

「今でも心から愛しています。もう一度会えたらいいなあ。性交の喜びを教えてくれた明子さん、ありがとう」

教え子の匂い

大阪府・介護福祉士・五十二歳・女性

女教師のくせに！

と、罵声を浴びそうな気がして、不安な日が続いていた。

教師が人を好きになってはいけないの？　独身の私が恋をしたっていいでしょ、不倫じゃないんだから……。

でも、相手が教え子となると、誹《そし》りは免《まぬか》れない。

高校の社会科教師になって四年目に阪神《はんしん》大震災が発生した。仮設住宅から通う子もいて、みんなでがんばる空気が学校中にみなぎっていた。

弟や妹のような生徒たちと接して毎日が充実していたが、仕事に熱中しすぎてその年の夏休みが終わるころに失恋した。

気がつけば二年ほどつき合っていた男の趣味でそっていたアンダーヘアの長さが、デートしない期間を物語っていた。

この際、別れた男の影も思い出も消そうとベッドもお茶碗《ちゃわん》も捨てて転居したのだが、そんなときに意外な男が現れ、私を困らせた。

「先生！」

大阪梅田《うめだ》でたくさんの日用品や調度品を買いこんで歩いていると、誰かが私を呼び止めた。

振り向くと、三年生の岡田《おかだ》君が大きな体に似合わずやさしい笑顔で私を見ていた。

野球部で真っ黒に日焼けした彼は、私が前年に日本史を教えた生徒だ。校外で教師と会っても知らん顔をする子が多いのに、彼は気さくに声をかけてくれて、ちょっとうれしかった。

「重そうですね。持ちましょうか」

言うが早いか、私の両手から大きな紙袋を奪うように持ってくれた。

「ありがとう。やさしいのね」

野球部では、下級生は上級生に荷物を持たせることはせず、その習慣が身について

いると言った。

そうか、野球部ではそんなことも教えるのか。

「よかったら、家まで持ちましょうか」

なんとすがすがしくてやさしいんだろう。

彼の好意に甘えて、マンションまで持ってもらった。

「ありがとう。ちょっと上がっていきなさい」

「いや、僕はここで」

教え子を自宅に招くことは悪いことではないが、男子生徒ひとりを招くのは褒められたことではない。とはいえ、玄関先で帰すのも忍びない。

「じゃ、冷たいお茶くらい飲んでいきなさい」

「あ、はい」

部屋に入るときも椅子に座るときもお茶を飲むときも、きちんと礼をする岡田君。

それも野球部の教育なのか、なんと爽やかな生徒なんだろう。

クーラーが効いて汗が退《ひ》いた。

「ねえ、悪いけど、このカーテンをつけてくれへん？」

お易《やす》い御用とばかりに長身を生かして、さっさとつけてくれた。ついでに紙袋の中の物をテーブルにひろげてもらった。

「あっ、アカンやつを開けてしまいました」

「ん？　あっ……見てへんことにしてっ」

別れた男の臭《にお》いを消すつもりで買いそろえた下着だった。目から火が出るほど恥ずかしかったが、岡田君のほうが気まずい顔をしていた。

「先生の家で下着を見たって言わんといてね」

口止めしたあと、いろいろ話をした。東京の大学で野球をするためにセレクションを受け、B判定をもらったそうだ。A判定の特待生と違って翌年の一般入試で合格する必要があるが、社会科が苦手で日本史の成績が悪いと言う。

「そういえば……君、授業で先生の話を聞いてた？」

「えっ、はあ……」

申し訳なさそうな顔をしていた。

「歴史はね、勉強の仕方があるんよ」

「仕方？」

「たとえば、五三八年に仏教が伝来したでしょ」

「はい」

「日本はそれまで神様の国だったから、神様と仏様があの世で大げんかしたやろね」

「ええっ、あの世？」

「現世では神様派の物部《もののべ》氏と仏教派の蘇我《そが》氏がけんかしたから、もうたいへん」

「へえっ」

「こんなふうに、自分なりにおもしろおかしく、興味を持ったらよろしい」

「そうか、わかりました」

「じゃあ、特訓してあげるから、日曜日に教科書とノートを持っておいで」

そのときは荷物を持ってくれたお礼のつもりで深く考えずに来宅を提案した。

翌週の日曜に岡田君が勉強しにやってきた。一年生を受け持っていた私は、彼の教科書の最初からおさらいのつもりで三年分をひもづけて解説した。

私なりの覚え方がおもしろくて、歴史に興味がわいたと言う。

「先生、また来てもいいですか」

「いいよ。でも、ほかの子に言うたらアウトやからね」

「はい、言いません」

「個別指導がバレたら、クビやからね」

クギを刺しておいたが、岡田君は口外するような子ではないとにらんでいた。

「じゃあ、また来週おいで」

来週も来てほしいと思う私は、彼のすがすがしさがまぶしいだけだろうか。

それ以来、岡田君は毎週のように勉強しに来た。周囲の目もあるし、親しくすることははばかられるが、ここに来てはいけないと言えなかったし、言いたくなかった。

それに彼が来てくれると楽しい。

その日もいつものように個別指導後に会話を楽しんでいると、彼が唐突に聞いた。

「先生、彼氏はいないんですか？」

二カ月ほど前までいた彼氏の名前さえ頭の片隅にもなかった。

「いないけど、なんで？」

「僕が毎週来てもいいんですか？」

「いいよ。なんなら、君が彼氏になってくれる？」

冗談だけど、何パーセントかの願望が口をついて出た。

「ははは、僕はまだ高校生なんで」

眼中にないとばかりにかわされた。

八歳も年上の女教師に興味はないだろうけど、ちょっとくらいはドキッとしてよ。

「先生、きれいな爪ですね」

彼が私の手を見て言った。そんなことは言われたことがない。意地悪く聞いてみた。

「爪だけ？」

「あ、いや、手も」

手……そっちかあ。確かに、ほかに褒めるところはない。

「僕、爪のきれいな女性が好きなんです」

えっ……私のことを好きなの？　いや、違う。私ではなく私の爪が好きなのだ。まあ、いいか。

いつもは四時半頃に帰るのにその気配がない。その日はたまたまご両親と妹さんが用事で出かけており、お弁当で済ませるつもりだと言った。

「だったら、晩ご飯を食べて帰りなさい」

「いいんですか？」

「いいよ。食べたいもんある?」

先生を食べたいなんて言わないだろうな、高校生じゃあ。

「下のスーパーに行ってくるから留守番しといて」

岡田君を喜ばせたい。キャンディーズの年下の男の子をハミングしながら得意のハンバーグを作った。それに、いつもは作らないデミグラスソースも作って食べさせた。

「うわ、おいしいです」

よし。彼の胃袋をわしづかみできた。個別指導という秘密を共有しているのが怖いけれど、楽しかった。

翌日、学校の廊下で偶然岡田君に出くわしてドキッとした。

あんな弟がいればいいな。いや、弟だったら、こんなにドキッとしない。

それ以来、学校で岡田君を目で探すようになり、彼を見つけたときはうれしかった。

それはまるで少女のせつない恋心のようだった。

しかし、大学で教師の誇りとと自律をたたきこまれたのに、こんなことでは教師失格だ。ありがちな教師と生徒の不祥事は男性教師の話だと思っていたのに、私が生徒にときめくなんて考えてもみなかった。

どうしよう。頭から岡田君を消さないといけないのに、簡単には消えてくれない。

もう教え子から年下の恋人のような感覚になっていた。困った。

岡田君に心が動いている私は、彼への思いは師弟愛だと自分に言い訳していた。

冬休みも彼は勉強しに来た。

私に甘えているようにも感じたが、教師として毅然《きぜん》とした態度で接していた。

「先生、お正月は？」

「二日以降ならいるよ」

「じゃあ、二日に来ていいですか。あのう……」

「なに？」

「晩ご飯を……ハンバーグを食べさせてもらえませんか」

家族が年末から田舎に帰るので、受験生の彼は三日の夜まで勉強兼留守番だという。

「だったら、三日も晩ご飯を作ってあげる」

「やったあ」

ニコッとする笑顔が憎たらしくて、かわいくてつらい。

「ねえ、二日はお風呂も入って帰りなさい」

「いいんですか?」

「着がえを持っておいで」

お風呂だけでなく泊まってもいい。泊まれって言おうか。これはチャンスなんだろうか。チャンスに違いない。

恋はときに苦しいものと言うが、生徒を好きになってしまった私の恋は、苦しいどころではなく、激痛を抱えて七転八倒しているようだった。

「三日の朝も食べるでしょ」

「はい。三日も朝から来ます」

もうっ……泊まれって言ってるのに、バカ……鈍感な子やなあ。ま、高校生だから無理もないか。

新年の二日に岡田君が来た。

「おめでとうございます」

いつもながら爽やかなあいさつと輝く目がかわいい。今日は夜までこの子と過ごせる。その日も勉強とおしゃべりで、時間のたつのが早かった。

「そろそろ晩ご飯にしようか」

料理中にうしろからお尻を触ってもいいし、スカートをまくってもいいし、そっと抱いてもいいよ。

でも、そんなことしたら、教師の顔を出さないといけない。いたずらしてほしいけど、したらアカンよ。そんなことを思いながら作った。

「できたよ」

ひと口食べて私を見る満面の笑み。かわいいなあ。

「やっぱりおいしいです」

気持ちいいほどの食べっぷりで、おいしそうに平らげてくれる。

「ごちそうさまでした」

「今日はもう勉強はやめてゆっくりしなさい」

岡田君がテレビを見ている間にお風呂の用意をした。

いっしょに入って背中を流してあげたい。ふたりで湯船につかりたい。そんなことを思いながら湯を張った。

「お風呂に入っといで」

「はい」

いっしょに入りませんか、なんて言わないだろうな。もし言われたら、入るかもしれない。もう私のブレーキは壊れかけていた。

岡田君がお風呂から上がり、続いて私もお風呂に入った。

風呂あがりの男女が狭い部屋にいるのは妙な気分だったが、教師と生徒の境界線は消えそうで消えていなかった。

「じゃあ、帰ります。今日はありがとうございました」

岡田君は爽やかなあいさつをして帰っていった。明日は一分でも早く来てねと言いたいのを我慢した。

その日の私はどうかしていた。純でまじめな岡田君が私を誘うことはないが、なにかの弾みで間違いが起きないかと、きっかけを探していたように思う。

襲ってくれたら一発平手打ちするけど、ひるまずに抱きしめてキスしてちょうだい——そんな女心はわからないだろうな。お風呂あがりにお気に入りの下着をつけたことも知らないだろうな。

明日も岡田君の顔を見られるのを楽しみにしよう。そう思ってベッドに潜りこんだが、寝つけずにショーツを下げた。

彼のゴツゴツした手で弄《いじ》られているシーンを妄想して指を動かす。これまでも岡田君を思ってオナニーをしたが、こんなに濡れていることはなかった。

翌日も九時頃に岡田君はやってきた。

「おはようございます」

昨夜、私がオナニーで震えたことなど知らない岡田君は、いつものように爽やかだった。

その日も楽しい一日が過ぎた。いや、楽しいだけの一日だった。

岡田君は好きな人がいないのかな。学校にはかわいい女子生徒も多いのに、女性に興味がないのかな。好きな子がいないなら、私を好きになってもいいよ。

二月中旬になり、合格したと電話があった。合格はうれしいのに、東京へ行ってしまう寂しさとつらさがあった。

大学の野球部は入学が決まった時点で入寮し、練習に参加するらしい。教師と教え子のままで間違いを犯さずに済んだ。これでよかったのだ。

「卒業式の日に戻ります」

そうか、卒業式に顔を見られる。しっかりと顔を見ておこう。

卒業式の途中で岡田君と目が合い、目だけであいさつした。明日ハンバーグを食べに行ってもいいか、と聞いているような気がして小さくうなずいた。翌日は土曜日だし、きっと来る。

仕事帰りに食材とプレゼント用の腕時計を買って帰った。

夜、岡田君から電話があった。

「明日、行ってもいいですか？」

「いいよ」

うれしさを隠して、よけいなことを言わずに事務的に答えた。

翌朝、ずいぶん早い時間にやってきた。こんな時間に来るなんて、よほど私に会いたかったのだろうか。

「朝ご飯は食べた？」

「いいえ、まだです」

朝も食べずに来るなんてあきれるほどかわいい。朝食を済ませてお昼まで会話を楽しんだ。将来は高校野球の監督をしたいと夢を語る目が輝いていた。

この目だ。彼に恋してしまい、私を教師から女に変えさせた澄んだ瞳がいとおしい。

お昼も済ませて話に夢中になっているときにコーヒーカップを派手に倒してしまい、ふたりにかかった。タオルで彼のトレーナーやズボンを拭いた。すぐに洗わないとシミになる。

「脱ぎなさい」

「えっ、あ、はい」

「体にもかかったでしょ。シャワーを浴びといで」

「いえ、大丈夫です」

「入っといで、その間に汚れたところを洗っとくから」

あーあ。せっかく顔を見せに来てくれたのにバタバタしてしまった。汚れたところを洗い、一段落したころに岡田君がシャワーから上がった。下着だけでは寒いだろうと思ってタオルケットをわたした。

「先生もシャワーを浴びてくるね。テレビでも見といて」

シャワーを終えてコーヒーを淹《い》れなおした。コーヒー豆をミルに入れたのにスイッチを押し忘れている。ドリップ用のペーパーが二枚重なっている。

今日の私はどうしたの？　なにか変だ。

うしろを向くと、岡田君がタオルケットの匂いを嗅いでいる。

「なんか変な臭いがする？」

「あ、いや、先生の匂いが」

「先生の匂い？」

「なんと言うか、やさしくて暖かい匂いです」

「難しい匂いやね」

「えーと、甘えたくなるような匂いです」

もしかして、岡田君は私に甘えたいのかな。まさか。

「だったら、今日は先生に甘えてみる？」

「えっ……あ、はい」

並んで座りたいと思った私は、コーヒーをソファのテーブルに運んだ。そして、覚悟を決めた。両手で彼の顔を挟んでキスをした。固まる岡田君。もう引き返せない。

「おいで」

ベッドに連れて行った。私は悪いことをしている。なのに、教え子を誘惑した罪悪感などみじんも感じなかった。

岡田君を私の上に引っ張ってキスをさせた。どうすればいいのかわからず、じっとしている彼がかわいい。彼の手をつかんで私の胸に置いた。その手は置いたままでじっとしている。

幸福感が飽和した私は、大胆にもペニスを握った。熱い。ペニスを持って膣にあてがい、つながった。

教え子と関係を持つなんて言語道断なのに、岡田君を迎えてうれしかった。彼がペニスを打ちつけるたびに、幸せがひとつずつ増えるような気がした。セックスとはこういうものか。快感に勝る幸福感こそが、セックスなんだ。私がリードしているのに、抱かれる幸せを感じていた。

「岡田君、すてきよ」

「先生、好きです」

「ありがとう」

私は岡田君にしがみつき、彼は私を抱えこんで一心不乱という形容そのままにペニスを突きたてた。岡田君の息が荒くなった。今日は安全日だ。

「いいよ。そのまま先生に出していいよ」

「んんっ、ううっ」

大きな体が私の上で間歇《かんけつ》的に硬直して汗が噴き出した。黙ったまま抱き合っていた。射精後の呼吸が整った岡田君が体を起こそうとした。

「お願い。もうちょっとじっとしてて」

どれくらいの時間、抱き合っていただろうか。私は幸せそうな顔をしていたに違いない。

「シャワーを浴びといで」

股間に挟んだティッシュでは拭ききれないほどの精液がついている。匂いもすごい。これが岡田君なんだ。シャワーの音が聞こえている。いっしょに入ろうか。はしたないかな。ええい。浴室のドア越しに聞いてみた。

「ねえ、いっしょに入っていい？」

「あ、はい、どうぞ」

ベッドでは彼の体を見なかったけど、濡れて光る体は筋肉質で見とれてしまった。

「先生、あのう」

「なに？」

「今日は泊めてもらえませんか」

岡田君が泊まるなんて考えていなかった。これは神様からのプレゼントに違いない。飛びあがるほどうれしかったのに、曖昧に返事をした。

「泊まるの？　うーん……」

「ダメですか？」

「ダメッ……な訳ないでしょ」

「やったあ」

岡田君がかわいくガッツポーズした。そんなにかわいくふるまわないでよ。私は君のことを嫌いにならないといけないのに。困ったなあ、ますます好きになるじゃないの。

その夜は何度か岡田君の精をもらい、幸せな夜だった。

翌朝もお昼も抱いてくれた。トイレ以外はベッドで戯れ、岡田君が昨日から何度射精したかわからない。私の体中の毛穴から彼の精液が汗となって染み出そうだった。

岡田君は夕方には帰ってしまう。もう会うこともない。

最後の日にたくさん愛してもらって、私もたくさん愛して、こんな幸せな日は私の人生で二度と訪れないだろう、と思うと、じっとしていられなかった。

「ねえ、先生も君に甘えていい？」

「はい」

岡田君のペニスを握り、硬さと大きさと匂いを、私の記憶に焼きつけた。ペニスを口で包み、射精を誘った。岡田君を喜ばせたい。

「ううっ、イキます、先生」

ペニスを咥えたまま口で受け止めた。一滴もこぼすまいと口をすぼめてペニスを放し、味わうように精液を飲んだ。

むせかえる臭いも芳しい香りに思えた。おいしかった。

「シャワー浴びて服を着なさい」

岡田君の顔を見るのも今日が最後だし、もう彼に抱かれることもない。最後の日に私を幸せにしてくれてありがとう。いっしょにシャワーを浴び、キスをしながら洗い合った。

シャワーを終えていつものようにコーヒーを淹れたが、泣きたい気持ちを必死で隠していた。岡田君が帰る時間だ。でも、ここで引導をわたさなければいけない。

「あのね、えーと、ね」

「なんですか？」

なかなか言葉が出ない。

「あのね……もうここへ来たらアカンよ」

「ええっ」

「君には彼女もできるやろうから、彼女を裏切るようなことをしたらアカン」

教師らしく諭すように話したが、岡田君への思いを断ち切る私への言葉だった。

「……わかりました」

「じゃあ、元気でね」

「先生！」

岡田君が私を捕まえてきつく抱きしめた。

「ありがとうございました」

私も岡田君の背中に手をまわした。

「ありがとう、岡田君」

「もう来ませんけど、先生をずっと好きでいます」

「先生も岡田君を好きでいるからね」

「じゃあ、失礼します」

彼は最後も礼儀正しくきちんとあいさつして帰った。堪《こら》えていた涙が一気に噴き出した。

精液の匂いが鼻腔《びこう》に残っている。この匂いは消したくなかった。

今日から大学生といえども、昨日までの教え子と淫らな関係になったことのケジメをつけねばならない。

翌日、私は退職願を提出して、三学期末をもって辞職した。

あれから二十五年。私はダメ教師だったけど、教え子の成長を見るのは教師冥利につきる。

高校野球の監督をしたいと言っていた岡田君が、いつか甲子園《こうしえん》に出場できる日が来ることを楽しみにしている。

ちょいブス——千葉県・会社員・五十歳・男性

世はバブルの時代で、俺は興行イベント関係の仕事をしていた。興行は打てば打っただけお客が入り、休みは年に数日、仕事は朝から終電近くまで。現在ならブラック企業だといって、世間からボコボコにたたかれるところだ。

その結果、二十歳を過ぎても童貞だった俺は、先輩に、

「男になってこい」

無理やり連れていかれた安いソープランドで、三十路《みそじ》のお姉様と儀式を済ませた。

それから二年、セックスしたのは、数十人のソープ嬢だけだ。もんもんとした日々を送っていたある夏の日、現場でひと息ついていると照明スタッフのみどりが声をかけてきた。

「早稲田《わせだ》にあるみそラーメンがウリのお店、知ってる？」

「知ってるよ。何度か行ったことある」

「じゃあ、今度連れてってよ」

「会社の人たちとは行かないの？」

「無理無理。少しでも時間があれば全員キャバクラ。女の私はひとりで帰るだけ。さすがにひとりでラーメン屋に行く勇気がなくて」

「ああ、なるほど。みんなキャバクラ、好きだもんね。俺は絶対に行かないけど」

「なんで？」

「なんというか、ケバイ女が嫌いで」

本当は節約して、安いソープランドに行くためだった。

「なら、いっしょにラーメン食べに行こうよ」

なぜか女の子は、ひとりでラーメン屋に入るのが恥ずかしいみたいだ。

そういえば、牛丼屋でもひとりで食べている女の子を見たことがない。

現場でかかわる数少ない同年代の女の子なのに、なぜ一度も食事すらしていないかというと、声はかわいいが、ショートカットがあまり似合わないちょいブスである。

太ってはいないが、スタイルがいいとはいえない。身長一六五センチの俺に対して、一六〇センチちょいくらいある。

胸はいたって平均的で、BまたはCカップくらい。つまり俺の恋愛対象外の外見なのであった。

みどりは青森出身で、専門学校に通うため上京してきた。卒業と同時に舞台照明の会社に就職。専門学生時代にアルバイトしていた縁で入社した。

イベント業界ではアルバイトから正社員になるというのが主流で、みどりもそんなひとりだった。安月給で朝から晩まで働く。そこんところは俺と同じだ。

明るくて性格がいいので、現場では、みどりちゃんと呼ばれ、みんなにかわいがられていた。

その日も現場が終わったのは二十三時近かった。制作関係の仕事をしていた俺は、最後まで残ってすべてを確認しなければならない。

さすがに現場からいっしょに行くのはお互いに気まずいので、みどりには先に行って高田馬場《たかだのばば》駅前で待っていてと伝えた。

俺は十五分ほど遅れて高田馬場駅に着いた。

みどりは「おなかすいた。早く行こう」と俺の手を引っ張った。

目当てのラーメン屋は、徒歩十分ちょっとくらいのところにある。店の黄色い看板が見えてくると、すでに二十人以上の行列ができており、味の保証をされている感じがした。

「おなかすいてるのに……」

「しようがない。おいしいラーメンを食べるには、多少の犠牲がともなうんだよ」

三十分くらいだろうか。待っている間、今度は青山《あおやま》の餃子《ギョーザ》がおいしいお店に行こう、と盛りあがった。

列に並ぶうちに体を密着してきたみどりの胸が腕に当たった。

(本当は、好みのタイプの美咲《みさき》ちゃんとこんなふうにしたいんだけどな)

と、今気になっている娘を頭に思い浮かべたが、

「行こう、行こう」

と、場の雰囲気を保った。

みそラーメンと餃子に生ビール二杯。ふたりとも大満足で店を出ると、俺は新宿《しんじゅく》のカプセルホテルへ向かおうとした。するとみどりが、

「家に泊まっていきなよ」

「えっ、いいの？」

「いいよ……でも変なことしたらダメだよ」

「しないしない」

このときは本心だった。俺はモテない素人童貞のくせに、女の子を九割五分以上見た目で判断していた。コンビニで歯みがきセットとトランクスを買って、みどりのアパートへいっしょに行った。

「あんまりきれいじゃないけど、どうぞ」

「おじゃまします。あっ、みどりだから緑で統一してるの？」

「やっぱわかる？　部屋のインテリアは緑で統一してるの」

ベッドに小さめのガラステーブル、テレビ台を兼ねたローサイズのタンスにテレビ、女の子らしい小物がちりばめられたシンプルな部屋だった。

女の子のひとり暮らしの部屋に入るのは、はじめてだったので緊張していた。部屋の中は嗅いだことのない香りで満ちあふれていた。

女兄弟がいない俺は、女子の甘い香りに気分が高揚した。そして玄関のドアが閉ま

って鍵がかかると、なぜだか急に妄想スイッチが入った。

(勝負下着は、絶対緑の上下おそろいだ。あそこの引き出しを開けると下着がぎっしり入っていて、すごくいい香りがするはずだ。オナニーするときは、どんな格好でするんだろう?)

「そこ座ってて。冷たいウーロン茶、持ってくる」

「あっ、ありがとう」

われに返り、ベッドの端に腰かけた。いつの間にか、みどりを女として意識している自分に気づいた。

(素人の女とセックスするチャンスだ……家に入れてくれたってことは、オーケーってことか。あいつは俺とヤリたいのか?)

妄想を続けていると、大事なことに気づいた。

(コンドーム!?)

俺はコンビニに買いに行くことにした。

「さっき買ったパンツのサイズ間違えたから、取りかえてもらってくる」

「あっ、うん、いってらっしゃい」

俺は全力でコンビニへ走った。ぜぇぜぇいいながら自動ドアをくぐると、コンドームを手に取り、レジに置いた。

店員の視線が、

(こいつさっきのちょいブスとヤルんだな)

と言っているみたいで、恥ずかしかった。みどりの部屋に戻ると、カエルのイラストが入ったマグカップにウーロン茶が注いであった。

酔い冷ましにはちょうどいい。カップを片手にラーメン談議に花が咲いた。時計の針が深夜二時を過ぎたころ、

「シャワー浴びたいでしょ? バスタオル置いておいたから、どうぞ」

「あっ、助かる。ありがとう。じゃあ、遠慮なく」

俺は見つからないようにカバンの底にコンドームを隠し、シャワーを浴びに行った。

頭の中は、どうやってセックスに持ちこもうかという考えでいっぱいだった。

しかし、いくら考えても素人童貞には答えがみつからなかった。妄想と現実のはざまで揺れていると、もう洗うところが残っていなかった。

なんの策もないままシャワーを止めると、ギンギンに勃起しているペニスがむなし

く見えた。

自然に治まる気配もなかったので、昨日見た素人ナンパもののAVを思い出しながら、いとも簡単に一発抜いた。

シャワーを出ると、新品のトランクスと昨夜のイベントで配布されたスタッフ用Tシャツに着がえた。バスタオルを首にかけ、頭を拭きながら声をかけた。

「シャワー、ありがとう」

「私もシャワー、浴びてくるね」

しばらくすると、お湯を出す音が聞こえた。すると、俺の妄想スイッチがふたたびカチッと音を立てた。

(今、どこを洗ってるんだろうか。俺を意識して秘部を必要以上に洗ってるんじゃないか。シャワーをクリトリスに当ててオナニーしてるんじゃないか?)

暴走を続ける妄想のせいで、俺のペニスの先端はトランクスを突き破りそうになり、

「やばっ」

思わず、小声をあげた。冷静になろうと深呼吸をすると、引き出しが気になってきた。生唾を飲みこみ、いちばん上の引き出しに手をかけて、ゆっくりと引いた。

Tシャツがぎっしり入っていた。

「ふぅ」

二段目の引き出しを引いた。ズボンが数本と、スカートがきれいにたたまれてあった。

（いちばん下だ！）

音を立てずに引くと、そこはパンティーとブラジャーのお花畑だった。俺は瞳孔を目いっぱい開き、顔を近づけて鼻で大きく息を吸いこんだ。

「おほぉ」

思わず漏れる歓喜のため息が、シャワーを浴びているみどりに気づかれるのではないかとヒヤヒヤした。

（パンティーを一枚、取り出してひろげてみたい）

そんな気持ちをグッと堪《こら》えながら、パンティーとブラジャーを眺めつづけた。

そのとき俺の脳裏には、昨日見たＡＶのワンシーンが浮かんだ。男優が女の子の部屋の引き出しを開けまくり、下着の奥からバイブを見つけて問いつめるという、ある種お約束のシーンだ。

俺はドキドキしながら引き出しのいちばん奥のほうを探った。

「あっ」

声に出さないよう全力で息をのんだ。いちばん奥にあったカエルのイラストが入った巾着袋に触れると、その中身はピンクローターではないかと感じた。

巾着袋を取り出して中身を確認してみようと思った瞬間、ガタンとユニットバスの折りたたみドアが開く音がした。シャワーが止まったことに気づかなかった俺は、全力で音がしないように引き出しを閉めた。

「ちょっと反対側向いてて」

バスタオル一枚巻いただけのみどりが出てきて言った。

「下着とパジャマ持っていくの忘れたから」

なにやらゴソゴソが終わると、引き出しを閉めた音がした。

「いいよ。ごめんね」

バスルームに戻るうしろ姿は、尻の形がバスタオルに浮かびあがり、思いのほかエロかった。

(ヤリたい)

素直にそう思った。もう好みとかブスとかそんなのは、どうでもよくなっていた。

「あっ、シャワーのあとの冷たいウーロン茶は最高だね」

首にバスタオルを巻いたみどりが戻ってきた。ナマ足がやけにエロく見えた。

「今日は、つき合ってくれてありがとうね」

「ラーメンと餃子なら、いつでもつき合うよ」

「じゃあ、次は青山で餃子ね。決まり！」

「いいよ。現場が渋谷《しぶや》のときに行こうか」

俺の左腕をとって座り、ギュッと胸に抱いた。左腕に伝わったムニュという感触に違和感を覚えながらも、鼻の下を伸ばした。男は単純である。

「来週、渋谷公会堂で仕事あるでしょ。飯田《いいだ》君、来る？」

「もちろん行くよ」

俺は違和感を確かめるため、ほんの少しだけ、左腕をみどりの胸に押しつけようと動かした。すると、ムニュという感触の前に、勃起した乳首をTシャツ越しに感じた。

（まさか、ノーブラ？）

俺の心臓は急激にバクバクいいはじめ、脳みそはフル回転した。

（俺の腕をノーブラの胸で抱いた。無意識か。それはオーケーという意味か。で、そ

れをどうやって確かめたらいいのか？）

頭痛がするほど考えたが、答えは出なかった。

そして間違った判断でビンタされたうえに、部屋からたたき出されるのはいやだという結論に達した。

だが、ノーブラのおっぱいがTシャツ越しに腕に当たっている状況は歓喜であり、拷問である。ペニスはすっかりギンギンになり、その先端から男汁が出はじめている感じがした。

「ちょっと、トイレ」

トランクスについた男汁をトイレットペーパーで拭きとった。

今まで一度も女として意識したことがないみどりと、今はセックスしたくてしようがない。その一心で、トイレから出てくると、テレビの真ん前に陣取るみどりを尻でグリグリ押しやった。

「あぁん、もう……」

みどりは、俺のスキンシップを受け止めた。

（このあと、どうやって手を出せばいいのか。まずはキスをすればいいのか。どうや

ってキスするのが正解なのか?)

じゃれ合う一方で、俺の頭の中をものすごいスピードで妄想が駆けめぐる。しかし、残念ながらソープランドではそういったことは教えてくれなかった。

頭が混乱した俺は、視線をテレビに向けて沈黙した。耐えがたい沈黙だったが、そうするしかなかった。

すると、みどりは突然俺の左手をつかみ、

「今日つき合ってくれたお礼」

そういいながら、俺の左の手のひらを右の乳房に当てた。

「おっぱい、好き?」

「うっ、うん」

「小っちゃいけど、形はいいんだよ」

「やわらかいね」

「やさしく触ってね」

俺は手のひら全体で大きさと形を確認しながら、感触をゆっくりと楽しんだ。

「ああん……」

　声と同時に、みどりの体はビクンと脈を打った。右の乳首よりも左の乳首のほうが敏感みたいだ。そう感じた俺は、ソフトかつできるだけ速く中指を上下させ、乳首を弾《はじ》いた。

「あぁぁっ、ちょっっっと、あぁぁっ、だっ、ダメ！」

「どうしたの？」

　俺は意地悪な質問をし、さらに指の動きを速めた。

「あぁっ、そんなにしたら本当にダメ！」

　俺は勇気を出してみどりの耳に息を吹きかけ、反応を確かめた。すると肩をすぼめ、

「そこはダメ」

と、性感帯を教えてくれた。調子に乗った俺は、ＡＶで得た知識を総動員して、耳からうなじを責めた。

　くすぐったいのか、気持ちいいのか、みどりの体はビクンビクンと、何度も何度も脈打った。

　そして狭いワンルームの部屋を意識してか、俺の腕をつかんでいた右手は口もとに当てられ、必死で口から漏れるあえぎ声を抑えこんでいた。

みどりの背後にまわり、両脇から両手を滑りこませると、両の乳房を同時に揉みながら中指と薬指の間に乳首を挟んだ。

「うっ、うっうん……うっ、あはぁ、そんなことしたら、声出ちゃうよ」

「いいよ、声出して」

「ダメだよ……隣の人に聞こえちゃうっ、あっはぁぁっ」

みどりの訴えは聞かず、ソープ嬢とは違うリアルな女の子の反応に興奮した。

「ねぇ、これ以上したら女の子だって、歯止めがきかなくなっちゃうよ」

俺は聞こえないふりをすると、顎の先端をこちらに向けて軽く持ちあげると、そっと唇を重ねた。歯止めがきかなくなるまで、その口をふさいでおきたかった。

俺はキスをしたままナマ足の太ももをゆっくりとなでた。そして抵抗しないことを確認すると、ピンクのタオル地のショートパンツの裾から指先を滑りこませた。

一気にオアシスを目指したが、固く閉じられた両足が邪魔をして、パンティーの上から茂みをなでるのが精いっぱいだった。

俺はもう一度太ももをなでながら、少しずつ足を開かせた。少し抵抗されるかと思ったが、すんなりと応じてくれた。

きっとみどりはもう歯止めのきかない状態になっている。そう確信した俺は、再度ショートパンツの裾から指先を滑りこませた。

パンティーの上から茂みを確認すると、その指先をオアシスへと向かわせた。

「イヤ、はずかしい」

するとみどりは一瞬身をよじりながら、俺の手をつかんだ。

みどりの愛液はパンティーの外側までたっぷりと染み出していた。

調子に乗った俺は、

「これじゃあもう、歯止めはきかないね」

と言いながら、さらにパンティーの脇から指先を滑りこませ、びしょ濡れのオアシスの水面をたたいた。

「ぴちゃぴちゃぴちゃぴちゃぴちゃ」

わざと音が聞こえるように水面をたたくと、

「もう入れてほしいんでしょ？」

と、自分の抑えきれない欲望を、みどりのせいにした。

このとき俺は、これ以上の愛撫の必要性などみじんも感じず、いち早くペニスをみ

どりのオアシスに挿入することしか考えていなかった。

「アレ、持ってる？」

俺はうなずきながらかばんの底を探ると、コンドームの箱を取り出した。フィルムをはがして中身を取り出すと、枕もとでスタンバイさせた。

素人童貞の俺だが、ソープランでは自分でコンドームを装着していた。

初体験のソープ嬢が、もたもたしてるとかっこ悪いから、いざというときのために自分で着ける練習をしておいたほうがいい……と教えてくれたのだ。

それ以来、店では自分ですばやく装着する習慣が身についた。

コンドームの存在を確認したみどりは、自らTシャツを脱いだ。俺もTシャツを脱ぎながら、横目で小ぶりな乳房を凝視した。ズボンも脱ぐと、みどりをベッドに寝かせ、ピンクのショートパンツを脱がせようとした。

「電気、消して」

みどりが指さした先にあるヒモを三回引っ張ると、部屋は真っ暗になった。

パンツも脱いだ俺は、ピンクのショートパンツと、真っ白なパンティーを脱がした。

こっそりパンティーのクロッチ部に触れた。

その内側はローションを塗ったかのように粘り気のある愛液にまみれ、確認しなくても今すぐ挿入可能だとわかった。

目が慣れてきた俺は、暗闇に浮かびあがる素人女性の裸体をゆっくりと眺めた。

指先は徐々に秘部へ向かった。閉じられている太ももを少し開かせると、オアシスの状態を確認した。

「イヤ！」

自分のオアシスがどんな状態か理解しているみどりは、恥ずかしさのあまり、両手で顔を覆った。俺ははやる気持ちを抑えきれず、枕もとのコンドームに手を伸ばすと、ソープで身につけた早業で手際よく装着した。

みどりの太ももの間に膝を入れると、俺を受け入れるかのように、両膝を立てて足を開いた。俺はペニスの根元を持ってみどりのオアシスにあてがった。そして、迷いなく挿入した。

「あああぁぁっ」

押し殺したような声であえぐと、みどりはシーツをわしづかみにして、大きく体をのけぞらした。

「やったあ」

俺は、素人女性をはじめて貫通した喜びを心の中でこう叫んでいた。

「メチャクチャにして……」

みどりはそう言って、両足で俺の体を抱えこみ、腕で頭を強く引きよせた。

俺は無我夢中で腰を振った。みどりのオアシスはソープ嬢たちと比べ、少しゆるい気がした。だから三こすり半で果てることなく、腰を振りつづけた。

「あああぁっ……イクイクイクイク、またイッちゃうっ、あぁっ」

この夜、みどりは数えきれないほど、何度も果てた。俺も風呂場でのオナニーを入れて四回果てた。

この日以降、月に二、三回、みどりのアパートでセックスする生活が一年くらい続いた。不思議なことにお互い好きとか、つき合ってるとかという言葉は、まったく出てこなかった。

冷静に見れば体だけのセックスフレンドであったと思う。みどりは自分の好みとはかけ離れていたが、性欲旺盛な若者だった俺にとっては、本当に都合のいい女だった。ラーメンをいっしょに食べに行って、ごちそうするだけでセックスさせてくれる。

で、そのまま家に泊めてもくれた。こんなうまい話があるのかと思うくらいだった。

だが、一年くらいたったある日、突然別れがやってきた。みどりが会社を辞めたと聞いた夜、家に電話をすると、すでにつながらなかった。

俺は少し落ちこんだ気分で家に帰った。部屋に入ると、俺専用の電話に留守電が入っていた。再生ボタンを押すと、みどりの声が聞こえた。

「わたし、青森に戻って幼なじみと結婚します。今まで楽しかった。ありがとう」

ああ、俺はアホだった。自分にとって都合のいい女だと思っていたちょいブスに、じつは都合よく利用されていたのだと気づいた。

俺はため息をついたあと、時計を見た。

「まだ間に合うな」

独り言を言いながら立ちあがり、レンタルビデオショップへ走った。この日は素人もののAVを三本借りて帰った。

一番大事な人

東京都・自営業・五十六歳・男性

妻が手渡した紙を見つめていた。緑色で書かれた紙の氏名の欄には妻の名前が記してあり、そのすぐ横に、私の苗字《みようじ》の印鑑が押してある。

結婚して九年。家のことから子育てまですべて妻に任せきりだったが、そのことでけんかになることはなかった。

同い年の妻だったが、落ち着いた雰囲気はいつも年上に見られていた。まわりからは、いい奥さんをもらってよかった、とよく言われていた。

そんな妻からの離婚届。私は、その原因は茜《あかね》との浮気だと思っていた。

私が二度目の離婚をするまでは……。

茜との密会の連絡は、いつも私からだった。どんなに急な誘いにも応えてくれた。

ただ、夜だけは家を空けられない事情が茜にはあった。茜が人妻だったからだ。私は三十二歳だった。

茜とはじめて会ったのは、六月初旬だった。私の次女が骨折で入院していた病室に茜がいた。

次女のベッドの隣に、茜の子供が入院していたのである。

小柄でかわいらしい彼女は、とても三十歳には見えなかった。薄手の生地のロングスカートをはき、襟元の大きく開いたゆったりめのシャツを着ていたが、乳房の大きさがそのシャツを盛りあげていた。

病室は三人部屋で、もうひとりの子は小学生の高学年らしく、つきそいの親はいなかった。

茜と私は、お互い子供が幼かったので、病室でのつきそいを病院から言われていた。夜もつきそわなくてはならなかったが、私は妻に任せきりでいた。

各ベッドの下には簡易ベッドが用意されていた。寝るときにベッドの下から引っ張り出して寝るのだが、寝心地の悪そうな小さなものだった。

「明日の夜、私と交代できない？」

仕事帰りに病室に寄ると、妻が言った。

煩わしそうな私の顔を見た妻は続けて、

「だって、仕方ないじゃない」

妻の母親が入院したことを聞いた。ひとり娘の妻としては、見舞いに行くのは当たり前のことである。

実家までは車で三時間。朝早く出れば、用事を済ませて、夜には戻ってこられると妻は思っていたのだろう。

私は自営業に近い仕事をしていたので、休みなどの調整はわりと簡単にできた。私は予定していた仕事をキャンセルした。

「一日だけだから、お願いね」

妻が言った。

翌日、早めに仕事を切りあげて、軽く夕食を済ませてから病院へ向かった。

「○○さん、うちの旦那、なにも知らないからお願いね」

私が顔を出すと、妻は茜になれなれしく声をかけてから病室を出ていった。

狭い病室に何日もいるのだから、世間話くらいはする仲になっていても不思議では

ない。もしかしたら、私への愚痴もしゃべっているのかもしれない。

そんなことを頭の片隅で考えながら茜のほうをチラッと見て、軽く会釈した。

「わからないことがあったら、なんでも聞いてくださいね。と言っても、私も○○さんに教えてもらったの」

茜は妻の名を出し、笑った。

しばらく、子供の相手をしていたが、消灯時間前に子供は眠ってしまった。

私は持っていった雑誌に目を向けた。消灯時間になると看護師さんが顔を出し、

「なにかあったら知らせてくださいね」

と言うと、同じように隣の茜にも声をかけて病室を出ていった。私は茜に軽く会釈をして、ベッドのまわりのカーテンを閉じた。ぐっすりと眠るわが子の寝顔に安心して、たばこを吸いに病室を出た。

「たばこでしょ?」

振り向くと、茜がいたずらっぽくほほ笑んでいた。

受動喫煙がどうのと言われる前だったから、非常階段など、院内には何カ所も灰皿が設置されている場所があった。私と茜は近くの非常階段へ行き、階段に並んで腰を

下ろした。

その場所は、院内で最も奥まった場所だった。小児病棟ということもあって、ほかの見舞客や患者たちは自動販売機が設置されているロビー近くか、救急外来の外のベンチでたばこを吸っていたので、そこには誰もいなかった。

私は茜のシャツの襟元から見えるブラジャーのひもが気になっていた。何本目かのたばこを吸い終わった。

「子供の様子を見てくるから、待ってて。○○ちゃんもいっしょに見てくるわね」

そう言い残し、茜が病室に向かった。そして、しばらくして戻ってきた手には缶酎ハイが二本握られていた。

茜は子供は大丈夫よ、というしぐさをすると、そのひとつを私に手渡し、

「毎日飲んでるの」

と、缶を開け、軽く口をつけた。他愛のない話のあと、茜が頬を両手で押さえて、

「今日は飲むペースをあなたに合わせたから、少し酔っちゃった」

とほほ笑んだ。

「あなたの奥さん、しっかりしてるわね。私とは正反対。それに夫婦仲もよさそうだ

し、うらやましいわ」

そして、家庭のことを話しはじめた。旦那の年齢がひとまわり上だということから始まり、旦那への不満がほとんどだった。

ひととおり話し終えると、

「私ね、子供が退院したら、お見合いするの」

茜が笑った。一瞬、お見合いの意味がわからず、私がけげんな顔をしていると、茜が説明してくれた。女友達に不倫相手を紹介してもらい、気が合えばカップル成立になるのだという。

相手の男も不倫なので、お互いに安全な相手かを確かめる必要があるのだろう。

もちろん、家庭を壊さないようにつき合っていく秘密の関係だと茜は続けた。素性のわからない男よりも安心してつき合えるし、家庭の不満も我慢ができると女友達に言われたらしい。

その友達も既婚者だが、今の彼氏はやはり別の女友達に紹介してもらったという。

私が驚いた顔をしていると、

「奥さんには、絶対内緒よ」

と、頬にキスをされた。

病室へ戻り、備えつけの簡易ベッドに横たわったが、まったく寝つけない。

しばらくすると、茜がカーテンからそっと顔をのぞかせた。

「まだ起きてる？　たばこいかない？」

さっきの興奮が冷めない私は、期待半分で茜のあとに続いた。非常階段へ続く廊下は寝静まり、遠くのナースステーションの明かりだけが輝いていた。

私は茜のうしろを歩き、張りのあるヒップが眺めながらついていった。

そして、さっきの茜の言葉を何度も思い返していた。

普通は、初対面の私にこれから不倫しますなんて言わないはずである。私が誰かに言わない保証はどこにもないのだし……。

その疑問を一本目のたばこを吸い終わったころ、茜に聞いてみた。すると茜の答えはただひと言、

「あなた、口が堅そうだから」

思わず吹き出してしまった。茜もいっしょにゲラゲラと声をあげて笑う。

急に親近感が湧いて、

「俺がお見合い相手になるよ」

と、冗談ぽく言うと、

「どんなことしてくれるの？」

と、茜が返してきた。立ちあがって茜の手を引きよせると抵抗はなく、むしろ体を預けてきた。

私はゆったりとしたシャツの中に手を入れてブラジャーのホックをはずし、その隙間に手を滑らせた。

メロンくらいの大きさの乳房が手に収まった。私は突起を探して指でつまんだ。もう片方の手は、スカートの上からヒップのまるみをわしづかみにする。

「あっ、あぁぁ……」

薄く開いた茜の唇から甘い吐息が漏れた。

私は茜を抱いたまま非常階段の光の届かない所まで移動し、茜をうしろ向きにさせるとロングスカートをまくりあげた。薄闇の中に、お尻の割れ目に食いこんでいる純白のパンティーが浮かびあがる。

茜は自ら脚を開き、私の手を取って豊満な乳房に導いた。

私は窮屈になったジーンズの股間を茜の敏感な部分に擦《こす》りつけ、両手で乳房を揉んだ。茜も自分の敏感な部分を私の硬くなったものに押しあて、腰を揺すっている。

私は茜のパンティーを一気に膝まで引き下ろし、私の正面に立たせた。頬は赤く紅潮し、瞳は潤んで、息遣いが荒くなっている。

私はスカートの裾を持ちあげて、やわらかいな茂みに指をはわせた。そこは、すでに蜜であふれて、私の指を簡単にのみこんだ。

「うっ、ううぅ」

うめき声ともあえぎ声ともつかぬ声が漏れる。

茜の蜜で十分に潤った指で、一番敏感な突起をなでた。

茜の腰がピクンと震えた。

私が人さし指と中指で濡れそぼった突起をつまむと、茜の手が私の手の上にかぶさり、激しく前後させた。茜の手の動きに合わせて、私の手の動きも速さが増していく。

茜の息遣いが荒くなったかと思うや、一瞬茜の息が止まり、数秒後に大きなあえぎ声に変わった。

「あん、あっ、あああ」

私にもたれかかる茜をそばにあった架台に座らせ、脚をM字に開かせた。続いてすばやくジーンズを脱ぎ、硬くなったものを茜の茂みの中へ突き刺した。

茜の太ももを持ちあげて結合部分が見えるようにし、奥まで突きまくる。茜のみだらな襞《ひだ》がまつわりついてくるのがよく見えた。

「もうイキそうだ」

我慢の限界が近づき、茜にそう伝えると、

「お願い、私の口の中へ……」

茜が荒い息遣いで言った。

私は言われるまま、抜きとったそれを茜の口に持っていった。すると茜は、私のものをすばやく咥え、添えた手を前後させた。

私はたまらず、茜の口の中に白い液体をぶちまけてゆく。茜の口の中で、私の硬いものが何度も脈打った。

茜は口の中の液体をゴクンと音を立てて飲みほし、

「飲んじゃった」

とほほ笑んだ。

翌朝、目を覚まして昨夜の出来事を思い返した。茜の不倫の相手になるという約束は、どうなったのだろう。

昨夜の行為のあと、ふたりで手をつないで病室まで戻ったが、茜の発した言葉は、

「おやすみなさい」

だけだった。そんなとき、カーテンの外で茜の声がした。どうやら看護師さんと話しているようである。

私が今起きたように装い、眠くない目を擦りながらカーテンから顔を出すと、茜は気まずそうに私とは目を合わせず、あいさつだけした。

もしかしたら、昨夜の出来事は彼女の酔いのせいだったのかもしれないと思った。

しかし、子供への昼食が配られたときだった。

「ごはんを食べさせたら、いっしょに出かけない？　朝、看護師さんにはふたりとも外出するかもしれないからって言っておいたんだけど。もちろん、別々の用事でって……」

茜が小さな声で言った。

子供に昼食を食べさせ終わると看護師さんがやってきて、

「夕方の六時までには戻ってくださいね」

と、私に言い、

「○○さんもね」

と、茜にも声をかけた。

「今日の夜は奥さんがつきそいでしょ？」

時間をずらして外に出ると、茜はそう言った。これが最後かもと考えて、私を誘ったようである。

私は駐車場に止めてあった車に茜を乗せ、無言のまま車を走らせた。行き先は言わずとも、お互いにわかっている。ラブホテルだ。

車を止め、フロントで部屋を選んだ。部屋に着くなり激しく抱き合って、熱いキスを交わす。

茜が私の股間に手を伸ばし、勃起を握ったまま、私の首すじから胸、そしてヘソへと唇をはわせたあと、膝をついて勃起を口に含んだ。

茜がゆっくりと頭を前後させはじめた。

私は股間にひろがってゆく快感に目を閉じる。強烈な快感はまだないが、丁寧にし

ゃぶる茜がいとおしく思えた。

「今度は俺にやらせて」

と言い、茜をベッドに寝かせた。昨夜と違い、明るい部屋で見る茜の裸体はピチピチとはいえないものの、まだまだ張りのある体をしていた。

私は大きめの乳首を口に含み、転がした。左の乳首がとくに感じるらしく、私の頭を強く押さえつけ、茜は大きなあえぎ声をあげた。

私が顔を移動させようとすると、茜は強い力で頭を押さえつけ、左の乳首から離れることができないようにする。

やがて茜の茂みの中へ舌を移すと、すでにそこはびしょびしょに濡れ、左右の花びらが黒く光っていた。

「こんなに濡らして、やらしいマ×コだな」

「いやん、やめて」

茜が両手で顔を覆った。

私は茜の割れ目を指で開き、大きくふくらんだ突起を口に含んで舌で転がす。

「う、うっ……」

茜が体をのけ反らせた。

私は指二本を茜の中に入れ、クリトリスのうしろあたりの肉壁を押しながら、突起を舌で愛撫した。体質なのか、経験からくるものなのかわからないが、茜の体は異常なほど敏感で、一分もしないうちに絶頂を迎えた。

体をよじって私の舌から逃れようとする茜を無理やり押さえつけ、達したばかりの突起を舐めつづける。

「もうやめて、ああ、お願いだから　あっ、ああ、またイッちゃう、イッ、イクぅ」

今度は体を小刻みにけいれんさせて、のけ反る。

「お願い、早く入れてぇ」

茜が両手をこちらに突き出して哀願した。

私はM字に大きく開いた両脚の間に腰を入れ、茜の敏感な突起にわざと亀頭を擦りつけて刺激した。

「あん」

茜の体が、今度は9の字になった。

「もうやめてぇ、おかしくなりそう」

私が一気に突き刺すと、

「あっ、あっ、あああぁ」

茜が断末魔のような声をあげた。


「たいへん、もうこんな時間」

遠くのほうで声がした。

時計を見ると、夕方の六時を少しまわっている。

私と茜はあわてて着がえ、ホテルを出た。

「パパ、どこ行ってたの？」

病院に着くと、娘が聞いた。

「ずっと廊下にいたよ」

そう答えながら、妻が看護師から私と茜が出かけたことを知ったときの言い訳をあれこれと考えていた。

茜とは、そのあとも月に二、三回は体を重ねた。お互いの子供も退院していたが、会うときはいつも病院の駐車場で待ち合わせをした。

妻とはマンネリなセックスだったが、茜との行為はいつも刺激的だった。

茜と会うときはいつも、最初に車の助手席でパンティーを脱がさせ、スカートをまくって黒い茂みを隠さずにいるようにと命じていた。

そしてドライブ中は、シートに片膝を立てて座らせ、私に見えるようにオナニーをさせたこともあった。

茜も、対向車が来ないような田舎道では、私の股間に顔を埋めてしゃぶってくれた。

大人のオモチャも、よくいっしょに買いに行った。はじめて行ったときは、どんなオモチャがいいのか茜に聞いたが、恥ずかしがって言おうとしなかった。

私も変なものを選んで変態みたいに思われたくなかったので、よく目にするポピュラーなものの中から選んでいた。

何度目かに行ったとき、

「こういうのも試したい」

と、茜が手に取ったのは、電動マッサージだった。

振動の調節が1から5までのダイヤル式で、強さが調整できる。はじめて使ったときは振動が強すぎて痛がったので、

「自分でやって、俺に見せて」

と言うと、恥ずかしそうにベッドに横になり、脚を開いた。

目を閉じ、電動マッサージの振動を一番弱くして、敏感な部分に近づけてゆく。クリトリスを覆う皮に振動が伝わって、茜の息遣いが荒くなった。

そして一分もしないうちに、

「ねぇ、イッていい？　いいの？　イッ、イックぅ」

電動マッサージは茜の手から離れ、機械的な音を刻んだまま、ベッドの脇に落ちた。

私はカーペットの上で鳴り響く電動マッサージのスイッチを切った。

「すぐイッちゃったね。気持ちよかったの？」

と聞くと、茜は照れながらうなずいた。

以来、ふたりで出かけるときは必ず、茜のバッグにその電動マッサージが入っていたものである。

季節が秋に移ると、私の仕事が急に忙しくなり、ほとんど休みがなくなった。

たまの休みは、妻からの、

「たまには家族サービスしてよ」

という言葉で、茜には会うことができなかった。

妻に隠れて電話はしてはいたが、声を聞くたびに会いたい気持ちが強くなってゆく。

その日は二カ月ぶりのデートだった。湖畔のレストランでランチをしてからホテルに向かう。

途中、寄った店でアイマスクと手錠を買った。手錠には痛くないよう、ぶかぶかの布が巻いてあった。いわゆる、大人が使うオモチャである。

部屋に入ってすぐ茜を全裸にした。うしろ手に手錠をはめ、アイマスクをつけさせ、ベッドにうつぶせに押し倒した。

ひざを立てさせ、背中に舌をはわすと、よほどくすぐったいのか、体をよじって逃れようとする。

舌先がお尻の穴に移ると、茜の背中が波打ちはじめた。そしてお尻の穴から大きく開いた割れ目へと移ると、茜のあえぎ声がさらに大きくなった。

甘く饐《す》えた女の匂いが立ちこめる。

私はそのまま、勃起を茜の割れ目へあてがい、奥まで突き入れた。

「あああん」

パンパンパン。

肉が肉を打つひわいな音とあえぎ声が重なる。愛液にまみれた勃起をいったん抜き、茜をあおむけに寝かせた。

それからうしろ手にかけていた手錠を前で組みかえ、両脚を開かせた状態で、片脚ずつバスローブのひもでベッドの足に縛りつける。

茜がいつもより興奮しているのは、荒い息遣いでわかった。

割れ目を開くように言うと、茜は荒い息遣いでこくりとうなずき、不自由な両手で黒ずんだ襞を左右に開いた。

私は電動マッサージを取り出し、スイッチを入れた。アイマスクをしている茜には、その音が聞こえているはずだ。

割れ目からあふれた愛液を電動マッサージの頭に塗りつけ、滑りのよくなったそれを茜のクリトリスにそっと近づける。

「あっ、あっ、あああああ」

いつもの数倍は感じてるようだった。スイッチをいったん止め、電動マッサージのヘッド部分を割れ目にそって押しあてた。愛液にまみれたそれを茜の中に入れようと

した。だが、直径四センチほどもあるので、そう簡単には入らない。私は頭の部分を回転させせながらゆっくりとねじ入れた。

半分ほど入ったところで、私は茜の乳首を口に含み、電動マッサージのスイッチを入れた。

「ああああっ、あっ」

悲鳴に近い茜のあえぎ声とともに、引きつけを起こしたように体をのけ反らせ、すぐに絶頂を迎えた。

「こんなに気持ちいいの、はじめて」

うつろな目をし、絞り出すような声で茜が言った。

茜との密会は月を重ねるごとに増えていった。茜のことが頭から離れなくなっていた。それは茜も同じだった。

さすがに私の妻もそこまで鈍感ではなく、何度目かの浮気がばれたときに覚悟を決め、子供といっしょに出ていった。

それから数カ月後、茜が荷物を持って私のマンションにやってきた。誰の目も気にしない、茜との生活が始まったが、その結婚生活も長くは続かなかった。

不倫していたころの茜はとても刺激的だったけれど、家庭の中の茜は、いつでも抱ける安心な女だった。私は新しい刺激が欲しくなった。

「あなたはいつも一番近くにいる人を大事にしないのね」

二度目の離婚のとき、茜はそう言った。

最初の離婚原因は、妻に浮気がばれたせいだと思っていた。確かに、それもひとつの理由かもしれないが、何度も浮気する私に、妻は大事にされていないと思ったのだろう。

もし、私が妻に、

「浮気は浮気。おまえが一番大事」

だと言っていたら、二度も離婚せずに済んだのかもしれぬ。

あれから十年。三度目の結婚をした私は、同じ過ちを繰り返さぬよう、茜のあの言葉をいつも思い出している。

あわしま・こんせい祭

大阪府・自営業・八十一歳・男性

七十歳の峠を越したとき、道を歩いていても若い者にどんどん追い越されていく。体力が衰えていくにもかかわらず、なぜか性欲だけはなくならない。わがポコちんは垂れ下がったままやのに、若いベッピンさんを見るとムズムズしてくる。

へたりかけたポコちんをもう一度元気にする方法はないかいな。そう思ってパソコンをいじっていると、ユーチューブに「あわしま・こんせい祭」と出てきた。毎年、七月下旬に盛岡《もりおか》市の盛岡城跡公園で行われる祭りだ。

淡島《あわしま》神社のわら束で男根をかたどったご神体と、金勢《こんせい》神社の女陰をかたどったご神体をそれぞれおみこしに乗せ、引っぱり出し、合体させるのである。

これは見ものだ。ぜひ一度見てみたい気がする。そんなひそかな願いをもっている

と、チャンスは訪れた。独居老人だから外食が多い。このまま帰っても家には誰もいない。ちょっと飲みに行こうと、いつものバーに行くことにした。

ドアを押して中に入ると知らない顔の女性がいる。

「あーら、いらっしゃい。この子、今日からなんよ。しのぶちゃん。よろしくね」

ママが明るい声で紹介した。しのぶちゃんは、四十歳すぎくらいでやや面長の美人。長い髪をクルクルと巻いて、そのままクシで無造作にとめている。プリっとした白い肌は、どこか雪国の女の匂いがした。

「しのぶちゃんはどこの出身？」

「わたし、盛岡です」

「そんなら、あわしま・こんせい祭、知ってるか？」

「もちろん、知ってますよ。ちょっとエッチで、女性は恥ずかしいけど」

「ユーチューブで見たんやけど、セックスそのものやな」

「わたしも若いころ、踊り子になって、あの前で踊ったこともあるんですよ」

「へぇ。あんたの踊る姿を見てみたかったなぁ」

「じつはわたし、盛岡を出てから二十年になるんです。一度帰ってみたいですけど。

両親の墓参りもしたいし」

「えぇ、二十年も帰ってへんのかいな。それやったら、わいが連れていってやろか。わいもその祭り見たいし。ちょうどええ機会や」

「それでも、今日お会いしたばっかりのお客さんにそんなことお願いしてもいいんでしょうか。ママ、どうでしょうか」

「ええがな。連れていってもらいいな。この人は紳士や。信用でけるで」

わいは腹の中で「ほんまかいな」とつぶやきながら、ペロっと舌を出した。

「ちょうど、今度の土曜が祭りの日にあたるはずや。いっしょに行こ。ママ、よろしいか」

「ええよ、土日やったらうちも休みやしかまへんよ」

「そんなら、連れていってください。久しぶりですわ」

「よーし。話は決まった。たしか、伊丹《いたみ》からいわて花巻《はなまき》空港にＪＡＬが飛んでるはずや。それで行こ。そしたら九時に伊丹空港のロビーで待ってるで」

「はい、よろしくお願いします」

当日、しのぶちゃんはセミロングの髪の上に幅広の白い帽子をかぶり、サングラス

をかけ、白のジャケットに白のパンタロン、白のサンダルといういで立ちで現れた。白ずくめや。

真っ赤なスーツケースをゴロゴロ転がして現れると、まわりがパッと明るくなった。

「わぁ、きれいやなぁ。ピッチリ決まってるわ。いわて花巻空港までは八十五分や。昼頃には着くわ」

機内では、彼女は自分がなぜ盛岡を離れて大阪に流れてきたのかをボツリボツリと話した。

しのぶちゃんの父親は、盛岡で大きな工場を経営していて地元の名士であった。彼女が女子大生のときに、好きな男ができ、のめりこんでいった。

ふたりはあっという間に深い仲になった。彼と結婚したいと父親に打ち明けると、

「まかりならぬ」

怒って認めてはくれなかった。相手の男の家は貧しく、身分が違うということだった。そこでふたりは駆け落ちすることにした。手に手を取り合って夜の盛岡を抜け出し、東京へと向かったのだ。

東京での暮らしはきつかった。ふたりにはなんの保障も裏づけもない。まともな仕

事にはつけなかった。

男はやけを起こして、だんだんグレていった。まったく働く気もなく、朝から酒を飲んでおだをあげているばかりだった。

彼女は昼間はスーパーのレジ打ち、夜はスナックで働いた。しかし、生活はますます苦しくなっていくばかりだった。そんな中で妊娠した。

産んだとしても当然食っていけない。彼女は彼に相談した。

「そんなものいらんよ。産んでも育てられないよ」

彼女は泣くなく、赤ちゃんを堕《お》ろした。ショックだった。

「このひとは、わたしに愛情のかけらも持っていないんだわ。このひとにとっては、わたしとのことは、たんにお遊びだったんだわ」

やっとそのことに気がついた。

さらに、どうしても許せないことが起こった。

ある晩、友達だという男とふたりで帰ってきた。そしてその男だけ残して、フラッと出ていった。男はやにわにわたしに襲いかかってきた。

「あんたのご主人とは話ができているんだ。好きにしていいってな。金もちゃんと払

ったからな」

なんと彼は金欲しさに、自分の女房を売ったのだ。

「信じられない」

もちろんすぐに逃げ出した。

「ねぇ、別れて。もうわたし、これ以上あなたとはやっていけないわ」

しかし、彼は離婚をしようとは言わなかった。そこで彼の元から逃げ出すことに決めた。身のまわりのものだけを持って彼が飲みに行っているスキに飛び出して、東京駅へ向かった。

行き先は決めてなかった。とにかく彼から離れたかったのだ。たどり着いたのは、新大阪《しんおおさか》の駅であった。こうして彼女の大阪での生活が始まった。

飛行機は、いわて花巻空港に着陸した。北国の空は青く澄み、この抜けたような風土がしのぶちゃんのような美人を生んだのか。

さっそく盛岡市内に入って祭りを見に行った。祭りは盛岡の城跡公園の広っぱでとり行われ、それぞれおみこしに乗せられた男根と女陰が飾られ、そのまえで神主が祝《の》詞《と》をあげる。

そのあとは女性も加わった氏子たちによって引かれ、互いに向き合い合体が始まる。入れる角度が悪かったり、斜めに突っこむとうまく入らない。もう一度やり直しである。何度も試行錯誤のあと、グッと挿入に成功し、みごと合体である。見ている観衆はヤンヤの喝采である。

その前で、盛岡さんさ踊りが始まる。彼女はただじっとその様子を見入っていた。

「さぁ、行こう。今夜はつなぎ温泉に泊まろう。南部《なんぶ》曲り家をモチーフに地元岩手の南部赤松を使った高い天井に木の香り、そしてもうひとつ、縄文の萪内《しだない》遺跡をモチーフにした古代の雰囲気を醸し出す、かつ幻想的な露天風呂も楽しめるんや」

旅館の部屋に入って、窓の障子を開けると、奥羽《おうう》山脈や御所《ごしょ》湖《こ》が一望のもとに見わたせ、東北に来たという実感がひしひしとわいてきた。

「さぁ、風呂に入ろう。ここの露天風呂は最高やで」

お湯の中でわいは、彼女の手を取って引きよせ、軽いキスからだんだん舌を深く奥に差しこんでいった。彼女もそれに応えて、舌をからませてきた。

しのぶちゃんの口の中はネットリとしていて、まるでマシュマロの中に舌を差しこんだようや。わいは口を離さないまま、うしろにまわってそっと抱いて、両手でおっ

ぱいをまさぐった。

指で乳首を押しあてグリグリとこねくりまわした。彼女は感じ出したのか、大きなお尻をクネクネさせだした。わいは片方はそのまま乳首をいじりながらもう一方の手を下に下ろしていって内股《うちもも》に触れた。

さらに手を滑らせ徐々にそこをひろげていった。彼女は一瞬ギュッとすぼめてひろげまいとしたが、次第に力は抜けていった。わいは大胆になって、さらにグッとひろげてやった。

恥毛が昆布のようにゆらゆらと揺れているのが見えた。両指でそこをひろげて、クリちゃんをあらわにした。

「ううん、そこはだめ」

そう言って、手を払いのけようとした。

そうなると逆にわいは、ますますクリちゃんを触りたく、少し強引に皮の上からコスってやった。

「ああん、だめ、そこ、だめ!」

彼女は、白い喉を見せ、グーンとのけ反った。

「ははあん、ここが急所やな」

わいは狙い定めて、ますますそこをいじくりまわした。彼女はお湯の中で全身をクネクネしだした。わいは風呂の中で、

「ポコちん、もうええで。ガンバリや」

そう声をかけて、じわじわと侵入していった。まさに、あのお祭りの男根と女陰のように見事合体したのだった。

夕食は部屋でとった。盛岡の郷土料理である。

わんこそば、まめぶ汁、岩手県のおふくろの味、ちぎって鍋に入れたひっつみ、それに、ウニとアワビをうしお汁にひたした磯《いそ》の香りたっぷりのぜいたくな逸品、いちご煮など、ふたりで腹いっぱい食べた。

さらに、地酒酔仙《すいせん》を味わった。しのぶちゃんも勧めると断らず、飲みほした。酔いがまわるにつれ、膝が崩れ、チラチラと内股が見えてきた。

なるほど、この雪のような羽二重餅《はぶたえもち》のような白い肌、男が離れたがらないのも無理はない。彼女は自分から口を近づけてきた。その口を吸いながら、浴衣の帯を解《ほど》いた。

彼女の白い肌が現れ、下にはなにもつけていなかった。肩口から着ているものを剥

ぐと、こんもりした両乳房があらわになった。それを持ちあげ、指先でその先の乳首をピンピンと弾いた。

彼女はのけ反って、

「ああん」

と呻き、立っていられなくなって、ズルズルと倒れこんだ。まったく抵抗力もなく、なすがままであった。

彼女の両手を挙げさせ、その手首をひもで縛った。

「なにするんですか」

ちょっと怒ったが、あえて逆らわなかった。わいは隣の部屋から熱かんの入ったとっくりと御膳を持ってきて、彼女のお尻の下に御膳を入れて、グッと持ちあげた。

「脚をしっかり閉じときや」

彼女の両脚の間をくっつけて隙間のないようにし、その丘から熱かんのをタラタラと流した。恥毛が酒の中でゆらゆらとゆれた。

「昆布酒のできあがりや」

といって、その酒をズズっとすすった。

「ああ、うまあ。こんなうまい酒はないな。あんたも飲ませたろ」

と言って、彼女にも飲ませてやった。

「どや、自分の昆布の味のしみた酒の味は」

酒は彼女の閉じた内股からじわじわと内ヒダに流れこみ、中へしみこんだ。

彼女は徐々に脚を開き、アソコからは汁がにじみ出してきて酒と混じった。わいはそれを舐めて、

「うまい。この酒は最高や！」

「わたしにもちょうだい」

口に含んで飲ませてやった。うまいのか、彼女は目をトロンとさせだした。

「下の口にも飲ませたるわ」

そう言って、彼女の両脚を高く上げ、アソコをまる出しにして、そこに直接とっくりから酒を流した。

酒は彼女の中で汁と混じって熟成され、得も言われぬ味を醸し出した。彼女も刺激されたようで腰をグラグラゆさぶらせだした。

「ああん、入れて」

「なんや、酒かポコちんか」

「ポコちん入れて、早くぅ」

「さぁ、ポコちん、がんばりや。今夜は酒もいっしょに飲ませたるで」

よっしゃ。まかせとき。

ポコちんは元気よくアタックしていった。

翌朝、ふたりは昨夜のことはケロっと忘れて、

「今日は、ご両親の墓参りやな。わいもいっしょに行くで」

「よろしくお願いします」

支払いを済ませて、ロビーで彼女を待っていると、喪服の女が現れた。しのぶちゃんや。

昨日と違って今日は黒ずくめで、髪を上げクルクルと巻いて黒いリボンで留めている。黒の喪服の下に白い襟が浮き出し、白足袋に草履といういで立ち。

「こう言うたらなんやが、この姿もまた似合うなぁ」

「ありがとうございます。さぁ、行きましょう」

ふたりは盛岡市郊外にある墓地に行った。墓地には訪れる人もいないのか、墓石に

は枯れた花があるだけで、風の音がわびしい。

彼女は水をくんできて、墓石の上からかけ、磨き、枯れた花を抜き取って、そこに新しい仏花を差し入れ、深々と両手を合わせた。

結いあげた髪が少しほつれ、うなじにまといついているさまは、昨夜とまったく違った妖艶とした魅力があり、ご両親の墓の前では失礼ではあったが、邪心がわきあがった。

「ちょっと休んでいこう」

わいは彼女を庫裏《くり》に連れていった。まったく人影はなかった。我慢ができずに、いきなり彼女にくらいついた。

「やめて!」

と言って、手でわいを払いのけようとするが、そうはさせじと無理やりキスをし、そのままズルズルと引きずって、ふとん部屋に抱えこんだ。

そして積み重なっているふとんの上にバンザイをさせ、彼女をうつぶせに押さえこんでおいて、両手で着物のすそを捉え、グルッとまくりあげた。

黒い喪服に白いじゅばんが巻きつき、まるで昆布巻きのようになった。

髪を留めていたリボンのひもがほどけ、長い髪がパラリと散った。下では彼女の白いパンティーが見えた。

それを指で引っかけて、クルっとむいた。そのまま、膝までずり下げた。

すると彼女は右足を上げて、自分からパンティーを脱ぎ出した。わいは、もう片方を脱がすのももどかしく、そのまま足を入れ、両脚をグッとひろげ、アソコをあらわにした。

彼女はまだ潤っていなかった。手にツバをつけ、アソコにべっとりと塗りつけるとぬめりだした。ソロっと指を入れ、グリグリっとかきまぜた。

「あぅん」

彼女は、こめかみにしわをよせてうめき声をあげた。目には涙がにじんできた。

「あぁ、そこ、いいぃ」

襟元をはだけて両乳房をグッとつかみ、指で乳首をまさぐってクリクリと揉んだ。

「あぅん、あぅん、あぅん」

彼女のうめき声はさらに大きくなり、あたりかまわず悲鳴をあげた。下のほうからは汁がジトっと垂れ下がってきた。準備万端整った。

まかしときと言わんばかりに、わがポコちんはズルズルと侵入していった。

帰りの飛行機の中で、しのぶちゃんはポツリポツリとこれまでのことを話し出した。

大阪で飲食店の仕事も見つかり、生活も少し落ち着いてきたころ、彼女ははじめて両親に手紙を書いた。

彼に離婚を願ったが、聞き入れてもらえず、やむをえず彼の家から逃げ出したことなどを書いた。両親からすぐ返事が来た。

「もうなにも言わないから、ここへ帰っておいで」

そう書いてあった。涙が出るほどうれしかった。しかし故郷に帰ると、きっとまた彼に見つかって、追いかけられるのではないか。その恐怖がつきまとった。

「わたしは多くは望まない。このままでいい」

そう返信した。そんな矢先に突然、彼が店の前に現れた。

「どうして、ここが……」

両親が彼の両親と連絡をとり、離婚の話をしたことでわかってしまったらしい。彼はもう一度いっしょにやろう、と言ってきたが、断固として断った。

そうすると、何度も何度も店に来て口説いたという。たび重なって来るようになる

と、店主もいやな顔をするようになった。

「もうここにはいられない」

その晩、店が終わってから荷物をまとめ、逃げ出した。

行き先は決めてなかった。逃げるために転々とし、たどり着いたのがあの店だった。

その間に両親は亡くなり、どちらの葬式にも立ち会えなかったという。

つらかった……。

飛行機の窓から伊丹の街並みが見えてきた。

「おかげさまで、私の永い間の宿願を果たすことができました。これでなんかホッとしました。ほんとにありがとうございました。またお店でお待ちしています。ぜひ、お越しくださいね」

「せっかくやから、もう少し飲んでいこ」

こう言って誘い、そのままタクシーで北新地《きたしんち》へと向かった。バーの止まり木で水割りを飲みながら、

「せやけど、離婚はできるんかいな」

「むずかしいと思います。でも、どうしてもしたいんです。そうでないと、いつまで

も追いかけられる一生になります」

「しかし、相手はいつまでもあんたを追いかけるで」

「でも、どうしてももうあの人といっしょになるのはいやです」

「ふうむ。ええ方法があるぞ。わいの友人に調停委員をしている男がおる。彼に相談してみよう」


「どや、もうひと休みしていけへんか」

タクシーに乗り、十三《じゅうそう》のホテル街に向かった。

「いつもあなたにしてもらっているから、今夜はわたしがしてあげる」

と言って、わいを素っ裸にしてひざまずき、わがポコちんに口を持っていった。スグリを手のひらで転がしながら、亀頭をペロペロッと舐めた。

どこで身につけたのか、とてもうまい。彼女は上に跨《また》がって、亀頭を咥えたまま舐めまくる。両乳房で挟んで揉み、擦《こす》る。

わがポコちんは、完全に出発準備完了。

「発射オーライや」

翌日、わいは友人の調停委員をしている男に連絡した。

「一般的に言って、離婚は難しい。あくまで両者合意のうえで、離婚届に署名押印して成り立つのやから」

しかし、一度相談に乗ろうということになって、しのぶちゃんと家庭裁判所内の調停室に行った。彼女は今までの経緯《いきさつ》をすべて話し、どうしても離婚してくれないので弱っていると言った。

「まず調停をして、調停不調で家庭裁判所に訴えるしかない。しかし、離婚が成立するかはわからない」

ということだった。彼女は、がっかりしたようだ。

家庭裁判所の裏は、樹木のこんもり茂った公園になっている。見わたしたところ、人影はない。わいは、そっと彼女に近づいて、口で口をふさいで、やおらキスをした。口唇をこじ開け、無理やりぬめった舌を突っこんだ。彼女はわいとの出会いを通じて、久しぶりの男の感触なのであろうか、体の奥底に封じこめられていた女の性《さが》が目覚めたのであろうか、体を預けてきた。

「だめです、だめです」

と言いながら、逆にずんずんと押しつけてきた。片足をベンチに乗せ、スカートをまくると彼女は、わいのズボンのベルトをはずし、脱がせ、パンティーもずり下ろし、わがポコちんをそっとなでた。

彼女の微妙な指先につられて、ポコちんはだんだん勢いが増してきた。それに刺激されたか、彼女のアソコも濡れてきた。

「あぁん、もうだめ」

そう言って、股を大きく開いた。

準備オーケー。ポコちんはヌルヌルと侵入していった。

いつまでもあの白い肌がチラつき、彼女のことが忘れられない。自分の年のことなどすっかり忘れて、どうしても彼女が欲しい。

これを愛というのだろうか。それともたんなる色欲か。

わいはいても立ってもいられず、さっそく翌日あの店に行った。

時間が早かったせいか、店には誰もいなかった。もちろんしのぶちゃんもいなかった。しばらくしてママが現れた。

「しのぶちゃんは?」

わいが聞くと、

「それがね、彼女いないのよ。ぜんぜん姿を見せないのよ。何度もケータイに電話を入れたり、彼女の家にも行ったけれど、もぬけの殻なのよ」

「そんなことはないやろ。そんなそぶりは見せへんかったで」

わいは驚いた。そんなアホな話はない。いよいよこれから本番というときに……。わいのしのぶちゃんを求める心に変わりはない。どうやらまたあの悪い男に見つかって逃げ出したのだろうか。不運な女だ。いつまで続くのであろうか。

しのぶちゃんはわいの前から、こつぜんと消えてしまったのだ。どうしたらまた会えるのか、彼女のことは心配になったが、どうしようもなかった。

わいは、氷の溶けた生ぬるい水割りをグッとあおった。

みんな先生が教えてくれた

――千葉県・無職・七十五歳・男性

中学三年のとき、担任は木下美鈴《きのしたみすず》という美人の女教師で、国語を教えてくれていた。学級委員だった私は、夏休み前の午後、休み中の課外授業の打ち合わせのため、職員室を訪れた。まだ扇風機とてなく、室内は蒸し風呂のように暑かった。

美鈴先生の席は入って左側の奥。私は多くの先生のいる真ん中の通路を避け、狭い窓ぎわの通路を通って先生のところへ行った。

ところが美鈴先生を見たとたん、私はびっくりして、しばし口を開くことができなかった。先生がスカートの左半分を大きくまくりあげていて、白いパンティーがまる見えだったからである。

それだけではない。あらわになった太ももに、ガーターでストッキングを止めてい

るのもわかった。

ほかの先生の席からは死角になっているので、美鈴先生も油断していたのだろう。

私は声をかけようにも声が出ず、すぐに硬く勃起してしまい、はじめて見る女性のスカートの中をしばらくじっと見つめていた。

書類に目を通していた先生が顔を上げて私に気づき、あら、と言って、あわててスカートの裾を下ろした。

「あのう、夏休み中の補習授業の打ち合わせで参りました」

真っ赤になってそう言うと、

「そ、そうねえ。あ、あの、放課後に連絡するから、小仲《こなか》君は残ってて」

先生もうわずった声で答えた。

私はお辞儀をして、足早に職員室をあとにしたが、教室に戻ってからも美鈴先生の白い太ももやパンティーが頭から離れず、勃起したままだった。

さて、放課後。誰もいない教室で、先生の甘い香りを嗅ぎながら打ち合わせをしたが、私はずっと上の空だった。

「どうしたの、小仲君」

私はただ黙って下を向いていた。

「ねぇ、君ぃ、もしかしたら、職員室で私のスカートの中を見て、興奮してるんじゃない？」

ずばりといわれて、ますます下を向くばかりだ。

ずっと黙っていると、先生は私の隣の椅子に座って、私の顔をのぞきこんだ。

「ねぇ、興奮してるの？　女の人のスカートの中見るのって、はじめて？」

私はそれでも黙ったまま、甘い香りに勃起した股間を手で押さえた。

「あら……勃《た》ってるの？」

先生は私の手をどかして、ズボンの上から股間をなでた。

「そうか、中学生だものね。男の機能は十分だわね」

先生はひとりつぶやいていた。

そして、それは夏休みに起きたのである。

課外補習授業を終えて帰ろうとしていると、美鈴先生に呼び止められた。

「小仲君、お盆はなにか用事があるの？　なかったら、十五日に私の家に遊びに来ない？　両親がね、友人の持っている軽井沢《かるいざわ》の別荘に行って、誰もいないのよ。ふたり

で勉強しようよ」

美鈴先生に会う前の晩は、お風呂で入念に体を洗い、新しい下着をつけた。

先生の家は隣の市にあり、静かな町はずれの二階屋だった。両親も教員だと聞いていた。

自転車で行った私は、先生の家に着いたときは汗だくで、井戸水をがぶがぶ飲んだ。

「あら、汗まみれじゃないの」

美鈴先生はシャツとズボンを脱がして洗ってくれた。先生の前でパンツ一丁というあられもない姿が恥ずかしく、なによりすぐ勃起してしまって困った。

先生は私が勃起しているのを承知していたはずだが、素知らぬ顔で洗濯を続け、干し終わると、サイダーを持ってきてくれて、ふたりで飲んだ。

先生は薄地の簡単服に素足だった。動くたびにきれいな白い脚が目に映り、胸もくっきりと服を盛りあげている。

「今日は先生と生徒という関係を忘れて、私があなたにセックスを教えてあげる。でも、こんなことが世間に知れたらたいへんだから、絶対口外しないこと。いい？ 守れるわね？」

美鈴先生はこう言うと、私を二階に連れていった。そこには真新しいシーツがかけられた布団が敷いてあり、ふたりとも裸になって横になった。

形のいい乳房、黒々とした陰毛、そして、それまで見たこともなかった女性器を目にしてたまらなくなり、私は先生に抱きついて下半身を押しつけた。

先生はやさしくキスしてくれ、手を伸ばして私のいきり勃った男根をつかむと、細い指をゆっくりと前後に動かした。

その気持ちよさと言ったら、自分でするより数百倍も気持ちがいい。

「先生ぇ」

そういうなり、私は射精してしまった。美鈴先生の手は、精液でヌルヌルになっている。

「まあ、早いわあ、若いからねぇ」

と言って、手を洗いに行った。射精はしたものの、私の男根の硬度はそのままで、ピクピクと動いていた。

戻ってきた先生が、私の男根に顔を近づけ、しげしげと観察した。

「あらっ、あなた、皮かむりじゃないの。皮をかむっているのはよくないわ。ちょっ

と待ってて」

先生は洗面所から、水を入れた洗面器とガーゼを持ってきた。

「今から先生が、男らしくしてあげるからね」

そう言うと、いきなり二本の指で包皮をクイッとむいた。

「あっ」

私は思わず声をあげたが、それも一瞬のことで、男根の先には亀の頭があらわになっていた。その亀頭のくびれに、白いかすがたまっている。

「これがよくないのよ。包皮をめくり、亀さんの頭を常に出しておかないと、衛生上悪いわよ。それに皮かむりだと亀頭が発達しなくて、いつまでも子供のオチ×チンのように小さくて、女性を満足させることができないのよ。こうして自分でめくる訓練をすると、立派になるわ」

そう言うと、先生はガーゼでかすを拭ってくれた。

「さあ、次は先生のここをよく見てぇ」

美鈴先生は両手で自分のビラビラを左右に開いた。はじめて見る女性の陰部に、私の目はくぎづけになった。

男根はピクピクと反り返り、我慢できずに先生に抱きつくと、

「待ってよ。今、ゴムを持ってくるから」

とかわされた。やがてピンクの薄いゴムを持ってきた先生は、男根に手際よくかぶせると、大きく股を開いた。

そして、男根の先を持ってオマン様に導いてくれ、グイッと下から腰を持ちあげた。

その拍子に根元までヌルリと入った。

ああ、これこそ憧れの境地だ。私はしびれるような快感を味わった。

「どうなの。気持ちいい？」

美鈴先生は下からゆっくりと腰を突きあげながら聞いた。

「あ、は、はい、もう出そうです。せ、先生、出ます」

私は無意識に腰を使った。ドクンドクンと、何回脈打ったことだろう。先生の穴の中が、男根を軽く締めつけたように感じた。

私は先生の胸の谷間に顔を埋《うず》めて、快感の名残を惜しんだ。母のオッパイを飲んでいたとき以来、はじめて触れる乳房はやわらかいく、愛しむようになでまわした。乳首が鋭り出ることもはじめて知った。

先生はお昼にソーメンをゆでてくれた。おいしかったが、それよりも、ずっとスリップ姿の先生の姿を堪能《たんのう》していた。

食事のあとはふたりで昼寝をし、目覚めると、先生は学生結婚をして、二年間ほど夫婦生活をしていたことなど話してくれた。

「小仲君、帰る前にもう一度させてあげるわ」

美鈴先生は妖しく笑って、キスしてくれた。

夕方四時を過ぎると、先生の部屋は日が陰った。先生はパンティーを脱いで、私を誘った。

「あたしのアソコもやさしく愛撫してよ」

先生は私のチ×ポをゆっくり動かしながら言った。

すぐに快感が押しよせて私が我慢できなくなると、先生は枕もとのゴムを男根にかぶせて、

「いいわよ、奥まで入れて」

と、大きく股を開いた。

私は今度は自分で狙いをつけて、美鈴先生のオマン様にズブリと入れた。

「ああ、入ったわあ」

先生はうれしそうに、下から私を抱きしめた。私はあまりの気持ちよさに、無意識に腰を上下させ、先生も下から突きあげてくれた。

「いいわあ、あなた、もっと我慢して、あたしをイカせてぇ」

先生の声がしたが、私はとても我慢できず、

「せ、先生ぇ、くう、出るよぉ」

と叫んだ。

「いいわよ、出しても」

言いながら、美鈴先生がいっそう激しく腰を使ったので、私はたまらず射精。先生の穴がキューッと締めつけてくれた。

「わかってるわよね。今日のことは、誰にも絶対内緒よ」

帰りぎわに再度念を押された。

帰宅し、風呂に入ったとき、皮のむけた自分のチ×ポを見て、これで大人の仲間入りができると、思わずニンマリした。

こうして中三で美人教師に性の手ほどきを受け、私は女性に対して自信を持った。

しかし、高校は男子校。三年間はまったく女っ気なしで真面目に勉強し、好きな軟式テニスの同好会でストレスを発散した。

経済的に余裕がなかったので大学進学はあきらめ、地元の信用金庫に就職した。身長一七五センチ、体重七十キロという、その当時では大柄な体格に成長していた。

二年先輩に水沼美代子《みずぬまみよこ》という女性がいた。国民体育《こくみんたいいく》大会に出場したこともあるスポーツウーマンで、すぐ仲よくなった。運動部には珍しく色白で、事務服がよく似合う、スタイルのいい女性だった。

お盆を前にしたある日、暑気払いをやろうと、仕事帰りに同僚八人でビアホールに入った。私はまだアルコールに慣れていなかったが、美代子さんはグイグイとジョッキを空け、顔がピンク色に染まった。

「飲みなさいよ。男でしょ」

私のそばにやってきて、無理やり飲ませた。飲み会が終わると、美代子さんが私の手を取って、送ってくれと言ってきた。

すぐ近くが海で、松林が続き、白い砂浜に波が打ちよせている。肩を組むようにして歩き、私は彼女を人目につかない松林の中に座らせた。

「うわ、気持ちいいわあ、潮の香りがする」

美代子さんが私に寄りかかり、軽くキスしてきた。

夜目にも白い脚がスカートからはみ出ていて私を刺激する。興奮した私の股間はたちまち勃起した。彼女を抱きしめると、片方の手で太ももをなで、もう片方の手をブラウスの中に入れて乳房を揉みしだいた。

「あ、ああん、だめよ」

美代子さんの声は甘ったるく、本気で拒んではいなかった。彼女が徐々に股を開いたので、パンティーをズリ下ろす。

私はスベスベした太ももの奥の陰毛をかき分け、ヌルヌルした女陰に指をはわせた。

「はああ、ううん、いい気持ちよ。あなたのも触らせて」

そう言われ、ズボンのチャックを下ろし、いきり勃ったチ×ポを引きずり出して握らせた。

「うわあ、大きい。それに硬いわあ」

美代子さんはチ×ポを握ると、やさしくしごきはじめた。

私は久しぶりに女性に接し、興奮のるつぼ。彼女にキスをすると舌をからませた。

「ううん、ああん、どうするの。ここでするの？」

美代子さんはもう我慢ができないようで、淫液がタラタラと太ももを伝って流れていた。

「じゃ、砂の上にそっと寝て」

「でも、砂が入ったら痛いわ」

「大丈夫だよ」

私は、ハンカチを敷いたカバンを枕がわりに、美代子さんをそっと寝かせた。

パンティーを脱がし、自分はズボンをはいたままチ×ポだけ出して、美代子さんの上にそっと覆いかぶさっていった。

「ああん」

美代子さんが私のチ×ポを自分の穴に導いてくれたおかげで、根元までズブリと入った。

「あっ、入ったわあ」

狭い膣の中に、ピッタリと収まっている。

「ううん、ああ、いいっ」

美代子さんが大きく腰を使いはじめた。

「あ、ああ、イク、イク。早くぅ、あなたもイッてぇ」

泣くような声だった。私も限界が訪れ、彼女の穴の中に精を放った。しばし余韻を楽しんでいると、美代子さんが、

「あなたのオチ×チンってすごく太くて硬いのね。これじゃ、ほかの女の子もたまらないでしょう。女泣かせのオチ×チンよ」

そう言って、チ×ポを握った。

「美代子さん、あなたは私にとってふたりめの女性です」

私は正直に告白した。

「本当……ねえ、近いうちにまたしてぇ」

と、キスを求めてきた。以来、ほぼ毎週土曜日に会い、体をむさぼり合っているうちに、あっという間に一年が過ぎた。

おかげで私の男根はたくましくなり、美鈴先生が皮かむりは不潔だからと皮をむいてくれたときとは見違えるほど、太く長く硬くなっていた。

モーテルなどまだない時代だったから、美代子さんとはいつも町中の目立たない連

れこみ用の旅館を利用していた。入ると、女中さんが部屋まで案内してくれて、

「どうぞ、ごゆっくり」

と、あいさつをして、引き下がるのが常だった。いつも同じ旅館だったので、その女中頭ともすっかり顔なじみになり、軽口をたたくようになった。

この女中頭という人が、三十歳くらいの色白な美人で、笑顔がすてきだったが、

「今度ひとりでいらして、私の相手をしてくれませんか」

ある日の帰りぎわ、彼女からこっそり耳打ちされた。

びっくりしたが、興味も湧いた。そこで美代子さんには、次の週末は用事があるとウソをつき、ひとりで例の旅館に向かうと、出迎えた女中頭はにっこりとほほ笑み、

「今日は私でいいのね」

と、念を押した。

驚いたことに、彼女は仕事をほうり出して私といっしょに風呂に入り、見事な裸体を惜しげもなく見せてくれた。均整のとれた体は美しく、乳房は形よく、お尻も引き締まっていた。

「まあ、ご立派なこと。これが私のあそこに入るなんて考えただけで濡れてくるわ」

風呂から出て部屋に戻ると、彼女はすぐ布団に横たわり、私を求めた。

「オッパイ、舐めてぇ」

と言うので、下半身をいじりながら乳房を舐めると、

「ああ、ああん、ね、ねぇ、入れて、は、早くぅ」

とせかしてくる。ズブリと入れると、腰を下から突きあげ、一分もしないうちに、

「あたし、イ、イクぅ」

私の腰に両脚を巻きつけた。すると、穴の中の締めつけがきつくなり、私もたまらず精を放った。あんなに締めつけの強い女性は、私の生涯でも彼女が筆頭である。

一回目が終わると女中頭は体を起こし、紫煙をくゆらしながら身の上を語りはじめた。

「私ね、いつもあなたが連れてくる女性が大きな声で、ああ、あたし、死にそうなくらいいい気持ち、と叫ぶのを、何回も廊下で聞いて、そんなテクニシャンなら、ぜひ私もしてみたいと思ったのよ。この旅館はね、私の姉が経営しているの。私は事情があって一年前に離婚したんだけど、姉がここで働けばと誘ってくれたのよ。だから、自由気ままにあなたを引きずりこんだの。持ち物が立派で、あたし感激したわ。ねぇ、

「もう一度抱いてぇ」

とキスしてきた。

二回目の彼女は、私の体中をくまなく舐め、最後は口いっぱいに私の勃起を咥え、激しくしごきたててくる。

私も彼女の陰毛をかき分け、まだピンク色の残る穴に口をつけて淫液を吸いあげ、舌をまるめて穴の奥深く差しこんだ。

淫液はとめどなくあふれ、白いシーツの上に点々と染みを作ってゆく。

挿入してからは我慢くらべだったが、久しく飢えていた彼女のほうが耐えきれずに大声を出して果てた。私もすぐに果てたが、やはり穴の中の締めつけはきつく、男根がすべての精を搾り取られたようにうなだれた。

二回目で満足した彼女は、部屋にビールとつまみを持ってきてくれた。結局、彼女は酒代もホテル代も取らなかった。

「これからも、ときどきいらしてよ」

帰りぎわにそう言われたが、美代子さんの手前もあり、そのあとそのホテルを使うことはなかった。会わなかった一週間の空白を埋めるかのように、翌週の美代子さん

の乱れ方はすさまじかった。

「ねぇ、先週はどうしたの。誰か違う女としてたの。どうなのよぅ、もう、あたしは飽きたの？」

矢継ぎ早に詰問しながら私の体をいじり、

「捨てないで。ねぇ、あたしを捨てたら、ただじゃすまないわよ」

半ば脅かしながら、私の体の上から下まで検査するかのように舐めまわす形相には、鬼気迫るものがあった。

私は彼女が嫌いではなかったが、このままずるずると関係が続き、結婚してくれなどといわれたら困ると考えるようになった。生涯の伴侶にするには気性が激しすぎ、私には向かない。

どうしたらいいのか、私は彼女との別れ方を、常に考えるようになった。思いついたのが仮病である。一カ月ぐらいたってラブホテルで一戦を交えたあと、切り出した。

じつは体に不調を感じて医者に診てもらったところ、心臓が肥大していると言われた。激しい運動は心臓に負担がかかるので、セックスも当分控えたほうがいいと言われた。それでこの際、交際をやめたい……。

こんな嘘を、もっともらしく話した。

「えっ、本当なの。そんないい体をしていて、そんなことがあるの？」

美代子さんはいぶかったが、なんとか説得できた。

二十五歳の春、中学校のクラス会をやろうということになり、彼岸の中日に、中学校近くの料亭で開催した。

招待した先生は担任の美鈴先生だけで、クラスの八割が出席した。女子は結婚している者が多かったが、男子はほとんどが独身だった。

「しばらくです。小仲です」

「まあ、小仲さん、立派になったわねぇ、懐かしいわ。あとでゆっくり話したいわ」

じっと私を見つめた。会が終わると、私はタクシーで先生を家まで送った。先生は庭の隅に別棟を建てて、ひとりで住んでいた。

「さあ、上がって、もう少し飲みましょうよ」

先生はウイスキーを持ってきて、水割りを作ってくれた。

先生は膝を崩して白い脚を投げ出しているが、私の目には誘っているように見えた。

「先生」

思わずにじり寄って肩を抱き、唇を重ねた。舌をからませているうちに、先生はブラウスを脱ぎ、ブラジャーのホックをはずすと、私の手を乳房に導いた。私は入念に揉みしだき、乳首を親指と人さし指に挟んで、やさしく擦《こす》った。

「ああん、あなた、上手になったわねえ。久しぶりに抱いて」

先生は全裸になり、私の衣服も脱がせた。

「まあ、すごいじゃないの。立派なオチ×チン。ずいぶん女の子を泣かしたんじゃない？」

反り返った男根を見た先生はそう言いながら、握って頬ずりし、パクリと咥えた。手をはわせると、先生の女陰もすでにヌルヌルになっていて、二本の指が穴に吸いこまれていった。しばらくいじり合っているうちに、

「入れてぇ。あたし久しぶりだから、もうイッちゃいそうよ」

とせがまれた。そっと上に乗ると、先生は先端を握って穴に導いてくれ、自分からグイッと腰を突きあげた。

そして、先生は私の背中を抱いたままグイグイ腰を持ちあげては、

「いい、いい」

を連発した。先生の穴は、はじめて私を迎え入れてくれたときと変わりなく、ザラついた襞《ひだ》が気持ちよかった。私と先生は同時に果てたが、若い美代子さんとは違った、大人の女性という感じがした。

こうして、私と美鈴先生との関係が復活。先生は四十一歳になっていて、

「もう再婚する気はないから、ときどき若い精を与えて」

と甘えた。先生は私にとって最初の女性であり、皮かむりのチ×チンはまずいからとむいてくれた恩人でもある。

そのおかげか、私の亀頭はたくましくなり、勃起すると異様なほどに大きくなった。先生は私の男根にすっかりほれこみ、私以外の男とはセックスしないと言うようになった。

そして、私のことをあなたと呼び、まるで妻のようにかいがいしく接してくれた。

「ああ、あなた、あたし、イクわよぅ。いっしょに、いっしょにぃ」

という、先生のすすり泣くような声は、今も耳に残っている。

サンスポ・性ノンフィクション大賞
体験手記募集

「性にまつわる生々しい体験をつづった未発表の手記」を募集します。

応募期間：五月～九月（若干の変更がある場合があります）

応募原稿：四〇〇字詰原稿用紙に換算して二十五枚相当。パソコン、ワープロ原稿の方は記録メディア（CDなど）などを同封してください。

必要事項：題名、氏名、住所、電話番号、年齢、職業を明記してください。秘密は厳守します。

応募先：〒100-8698（住所不用）第2312号
サンケイスポーツ文化報道部「性ノンフィクション大賞」係

選考委員：睦月影郎、桑原茂一、蒼井凜花、サンケイスポーツ文化報道部長

賞金：金賞一〇〇万円、銀賞二〇万円、銅賞五万円、特別賞三万円、佳作二万円。また、入選手記はサンケイスポーツ紙上に掲載。

主催：サンケイスポーツ　電話03-3275-8948

◉本書は、第二十二回サンスポ・性ノンフィクション大賞に入選し、サンケイスポーツ紙に掲載された手記を収録しています。左記は掲載順。文庫化にあたり、一部を改題しています。

「放れ駒」特別賞（二〇二一年一月四日～十日）
「奇跡の再会」特別賞（二〇二一年一月二十五日～三十一日）
「コロナ禍を乗り切る自信あり」佳作（二〇二一年十月十一日～十七日）
「われ勃ちぬ」特別賞（二〇二二年二月二十二日～二十八日）
「トラック仮眠席の人妻」佳作（二〇二二年三月一日～七日）
「春の嵐」佳作（二〇二二年三月八日～十四日）
「隣の婦人の性教育」佳作（二〇二二年三月二十二日～二十八日）
「教え子の匂い」金賞（二〇二二年三月二十九日～四月四日）
「ちょいブス」佳作（二〇二二年四月五日～十一日）
「一番大事な人」特別賞（二〇二二年五月十日～十六日）
「あわしま・こんせい祭」桑原賞（二〇二二年五月三十一日～六月六日）
「みんな先生が教えてくれた」佳作（二〇二二年六月七日～十三日）

● 新人作品大募集 ●

マドンナメイト編集部では、意欲あふれる新人作品を常時募集しております。採用された作品は、本人通知の
うえ当文庫より出版されることになります。

【応募要項】未発表作品に限る。四〇〇字詰原稿用紙換算で三〇〇枚以上四〇〇枚以内。必ず梗概をお書
き添えのうえ、名前・住所・電話番号を明記してお送り下さい。なお、採否にかかわらず原稿
は返却いたしません。また、電話でのお問い合せはご遠慮下さい。

【送 付 先】〒一〇一—八四〇五 東京都千代田区神田三崎町二—一八—一一 マドンナ社編集部 新人作品募集係

わたしのせいたいけんしゅき おしえごのにおい
私の性体験手記 教え子の匂い

二〇二二年 五 月 十 日 初版発行

編者◉サンケイスポーツ文化報道部
さんけいすぽーつぶんかほうどうぶ

発行◉マドンナ社

発売◉二見書房
東京都千代田区神田三崎町二—一八—一一
電話 〇三—三五一五—二三一一(代表)
郵便振替 〇〇一七〇—四—二六三九

印刷◉株式会社堀内印刷所 製本◉株式会社村上製本所 落丁・乱丁本はお取替えいたします。定価は、カバーに表示してあります。

ISBN978-4-576-22055-0 ● Printed in Japan ● ©マドンナ社

マドンナメイトが楽しめる! マドンナ社 電子出版 (インターネット) ……………… https://madonna.futami.co.jp/

Madonna Mate

オトナの文庫マドンナメイト

電子書籍も配信中!!
詳しくはマドンナメイトHP
https://madonna.futami.co.jp

マドンナメイト文庫

私の性体験手記 教え子の匂い

サンケイスポーツ文化報道部